中央大学政策文化総合研究所研究叢書　32

東アジアにおける企業戦略と制度的環境

新制度派経済学と非市場戦略の視点から

中 村　　博
野間口隆郎　編著
三 浦 俊 彦

中央大学出版部

まえがき

　本書は，2018年4月から2024年3月までの中央大学政策文化総合研究所共同研究プロジェクトチーム「東アジアにおける企業戦略と制度的環境——新制度派経済学と非市場戦略の視点から——」の成果をまとめたものである．プロジェクトの主査は，2018年4月から2022年3月までは丹沢安治であり，2022年4月から2024年3月までが野間口隆郎である．途中交代は，コロナ禍によりプロジェクトが延長されたあいだに丹沢安治教授が定年退職を迎えたためである．本書は丹沢安治氏の定年退職と名誉教授就任を記念する叢書である．丹沢安治名誉教授に謝意と慰労の意をあらわしたい．

　「21世紀・日本の生存」というテーマのもとに，東アジアに進出した日系企業の戦略をめぐるプロジェクトは，中央大学政策文化総合研究所において6次にわたって継続した．そのあいだに東アジアのあらわす領域が日本，中国，韓国，台湾から南下し，ベトナム，ミャンマー，タイ，インドネシアなどのASEANに広がった．日系企業の最大の関心事は，中国，ASEANなど東アジアの進出先国で，法制度など適切な制度環境の不備，異文化への対応，これらが負の制度環境を形成していることであり，かれらのおもたる戦略行動はこの環境の改善を働きかけることだった．

　これらの関心事と行動をより深く理解するためには，これまで戦略経営の分野において蓄積されてきた，「環境に対して最善の方策を選択する」というアプローチでは不十分であり，認知心理学，文化人類学，政治学の視点を取り入れた「法的・政治的制度，文化的慣習など制度環境の形成に働きかける制度戦略の視点」が必要であった．本プロジェクトにはそれら多様な視点を網羅する異なる研究者が結集された．そのなかで本プロジェクトが一貫して採用している新制度派経済学は，企業境界の問題，多国籍企業の海外展開の問題，経済成長と制度の問題，不完備契約がもたらす中間組織の問題へとア

プローチを深化させている．本プロジェクトはさらに，制度，集積，文化にかかわる研究員を集め，近年の企業を取り巻く環境における制度そのものに働きかけるアプローチ，すなわち非市場戦略に注目した．

本プロジェクトの成果は，現地調査によって質的データを収集し，現実の日系進出企業の行動を説明するメカニズムを見出し，「21世紀・日本の生存」というテーマのもとで，日系海外進出企業への提言を成果としてまとめた．具体的には，①日系企業が協調して進出先政府に働きかけ，制度変更を求める戦略，②単独で陳情をおこない自社の制度環境を改善する戦略，③日系企業の商工会を形成し，民間の団体によって制度環境の改善をおこなう戦略，④文化的相違を意識した人材教育戦略，⑤現地の市場での販売を考慮した，消費者啓蒙戦略，⑥進出先でのCSR（Corporate Social Responsibility）戦略，⑦進出先市場での日系企業間のアライアンス，グループ企業を中心としたプラットフォームビジネスの展開戦略を提案した．

第1章では，丹沢が日本における現金決済へのロックインのメカニズムをしめした．それにより政府による制度戦略，個々の企業による戦略的対応の理論的根拠を明らかにしている．また，システムショック後にあらわれたさまざまなキャッシュレス決済間の競合がエコシステム間の競合として展開していることを明らかにしている．

第2章では，中村がキャッシュレス決済の普及にともなう小売業の対応戦略について，小売業の視点から明らかにしている．そのうえで，決済事業者は，小売業のキャッシュレス決済から得られる購買履歴データの活用などによって小売業の生産性を高めていくことが戦略的に重要であるとした．

第3章では，三浦がキャッシュレス社会を含むデジタル社会をどうとらえるかという基礎的検討のうえに，キャッシュレス社会のデジタル・マーケティングのあるべき姿について明らかにしている．そこではデジタル・コンシューマーとのつながりの強さが勝負の決め手になることを明らかにしている．

第4章では，幸田が日本とベトナムの制度および心理的な歴史的展開の比較を試みている．両国とも戦争から再出発し，経済的な成長を遂げている．

両国の社会・制度・心理的欲求の歴史的推移をとおして経済的変化の背景を明らかにしようと試みている．それぞれの国民の欲求がどの方向に向かっているのかは，日越のみならず他の国で経済活動をおこなうさいにも重要な指針になるであろう．最後に今回の考察から得られたベトナム社会への示唆や方法論上の課題を提示した．

第5章では，越前谷がベトナムにて日系人材紹介企業の現地法人社長として2014年12月から2024年3月までの10年間，ベトナム人材の成長と変化を現場で見つめてきた実感から，ベトナムに進出した日本企業がベトナムにおける戦略を達成するためのベトナム人材獲得戦略を提示した．

第6章では，松吉がミノダの社長として，プラットフォーマーとして成功した事例をレビューし，今後あるべき刺繍業界とミノダのエコシステム形成を目的とした解釈モデルを仮説としての戦略を立案している．そのうえで仮説としての戦略をミノダにおいて実行し，その結果を検証している．検証結果からプラットフォーマーとして新規事業を立ち上げ，既存事業を拡大し，衰退する刺繍業界のなかでも成長することができることを証明している．

第7章では，野間口がなぜASEAN諸国の道はトヨタ車，とくに中古車が多くみられるのだろうかというプロジェクトの視察時の実感から，その源流をトヨタのチーフ・エンジニアの「愚直」にもとづいて考察している．

以上の寄稿論文は，あらたな知識を創出し，東アジアにおける日系企業に戦略上の指針を与えるものである．また，これからさらに研究を深めていくうえでの礎石ともなっている．さらに研究を深めたいと考えている．

野間口　隆郎

目　　次

まえがき

第 1 章　キャッシュレス決済ビジネスの拡大と
　　　　　エコシステム形成のメカニズム ……………1

丹沢安治

1. はじめに　1
2. 先行文献　4
3. 各国におけるキャッシュレスビジネスの導入　10
4. 調査結果の理論的評価とディスカッション　27
5. おわりに──見出された含意と今後の課題　33

第 2 章　小売業のキャッシュレス決済の
　　　　　メリットと課題と対応戦略 …………………39

中　村　博

1. はじめに　39
2. キャッシュレス決済の種類とシェアの傾向　41
3. 小売業にとってのキャッシュレス決済のメリット　42
4. キャッシュレス決済の店舗における課題　47
5. 小売業のキャッシュレス決済への対応　50
6. おわりに　59

第3章 キャッシュレス社会の
　　　　デジタル・マーケティング
　　　　　──OMO とメタバースから考える── ············ 63
　　　　　　　　　　　　　　　　　　　　　　　　　三　浦　俊　彦

1. はじめに　63
2. キャッシュレス社会の基礎としてのデジタル社会
　　──モノ・事象からデジタルデータを分離した社会　64
3. O2O マーケティングから OMO マーケティングへ　68
4. メタバースとメタバース・マーケティング　74
5. おわりに──デジタル社会とキャッシュレス化　81

第4章 経済発展にともなう制度的環境変化と
　　　　心理的段階推移の日越比較 ······················ 85
　　　　　　　　　　　　　　　　　　　　　　　　　幸　田　達　郎

1. はじめに　85
2. 心理的段階の想定　89
3. 日越の制度的環境の比較　90
4. 日本における戦後の発展　94
5. ベトナムにおける戦後の発展　99
6. おわりに　109

第 5 章　日系企業のベトナム人材獲得戦略に関する考察 …………………………………… 119

　　　　　　　　　　　　　　　　　　越前谷　学
　　　　　　　　　　　　　　　　　　野間口　隆郎

1. はじめに　119
2. 日本企業のベトナム進出の価値　121
3. ベトナムの人材市場の概況　124
4. ベトナム人材の特徴と日本企業（自動車産業）からみた戦略的価値　129
5. 韓国企業（サムスン）のベトナム人材獲得戦略　131
6. 考　　察　132
7. おわりに　134

第 6 章　衰退産業の中小企業プラットフォーム戦略に関する考察
　　　　　――刺繍会社ミノダを対象として―― ………… 139

　　　　　　　　　　　　　　　　　　松吉　由美子
　　　　　　　　　　　　　　　　　　野間口　隆郎

1. はじめに　139
2. 先行研究　141
3. 考　　察　145
4. アクションリサーチによる戦略仮説の検証　162
5. おわりに　170

第 7 章　なぜトヨタの中古車は
　　　　ASEAN の道路を埋め尽くすのか
　　　　　──チーフ・エンジニアの
　　　　　　愚直に関する考察── ……………………… 175
　　　　　　　　　　　　　　　　野間口 隆郎

　　1. はじめに　175
　　2. 先行研究　182
　　3. 考　察　185
　　4. おわりに　189

あとがき

第1章

キャッシュレス決済ビジネスの拡大と
エコシステム形成のメカニズム

丹 沢 安 治

1. はじめに

　1990年代以降，ICT（Information and Communication Technology）の進歩と普及にともない，コンピュータ・ネットワークを活用したさまざまなビジネスが生まれ，普及している（Picot, Bortenlänger 1997）．新しい環境においては，情報交換のコストが大幅に減少し，さまざまな領域において，新しいビジネスモデルが登場する大きなシステムショックがあったといえよう．とくにキャッシュレス決済ビジネスの領域において，このあらたな環境は，従来のクレジットカードによるキャッシュレス決済に加え，電子マネーやQRコード決済，BNPL（Buy Now Pay Later）など，新しいスタイルのキャッシュレス決済ビジネスを出現させ，結果的に従来の現金決済の比率を低下させた（丹沢 2023）．このような変化は，世界各地において経済成長のステージや地域の相違を越えて世界的に広まっている（World Bank 2016; 2017）．

　丹沢（2023）は，とくにわが国におけるキャッシュレス決済ビジネスに注目した．わが国における，クレジットカード事業は1960年代からはじめられ

ていたが（宮居 2020, 49 頁；キャッシュレス推進協議会 2022, 58 頁），1980 年代までには Mastercard, Visa などの国際ブランドとの提携が大きく普及し（宮居 2020），クレジットカード事業は，わが国におけるキャッシュレス決済としては伝統的な存在となっている．近年においては，東アジア，東南アジアにおけるキャッシュレス決済の進展に刺激を受け，現金決済からキャッシュレス決済への移行を促す日本政府のさまざまな政策的支援もあって，クレジットカードに加えて，デビットカード，電子マネー，QR コード決済，BNPL など，さまざまなキャッシュレス決済方法が提案されている（経済産業省 2018；キャッシュレス推進協議会 2021；2022, 57 頁）．従来のクレジットカード事業も QR コード決済，生体認証をともなう決済（キャッシュレス推進協議会 2022, 57 頁），電子マネーなどの新しい支払い手段と紐づけするなど共生をはかるとともに，非接触カード，署名なし決済，暗証番号なし支払いなど，小口決済への用途を拡大し，進化をつづけている．

丹沢（2023）は ICT によるシステムショック後のこのような決済ビジネスの展開のなかに，とくに (1)「現金決済対キャッシュレス決済」，(2)「伝統的なキャッシュレス決済であるクレジットカード」対「主として交通機関への利用を目的とした電子マネーによる決済」と「ここ数年急速に伸長している QR コード決済間の競争」，そして (3)「各決済方法における各企業間の競争」の 3 種類の異なる競合あるいは競争を見出している．丹沢は一連の研究において，さらに近年の一般的な論調のようにクレジットカードと QR コード決済の競争に焦点をあてるのではなく，(2) の競争については，各専業事業者が競うのではなく，キャッシュレス決済全体が (1) の競争である現金決済にたいして「右肩上がりの局面」にあるため，各企業は，コングロマリットディスカウントを考慮することなく，競合する決済方法を同時に採用する企業グループをエコシステムとして形成していると主張している（丹沢 2021；2023）．

また，丹沢（2020；2021）は，通信事業とともに，広くフィンテックとそれがもたらすキャッシュレス決済ビジネスが金融包摂を引き起こしながら進んでいることを明らかにしている（World Bank 2016；小早川，近藤 2018；丹沢 2020；

2021).

　フィンテックとは，ファイナンスの領域にICTを生かすことであり，それによってこれまで金融サービスから取り残されていた人びとを金融サービスの世界に取り込むことを金融包摂といい，とくに新興国において急速に進みつつある現象である（日本経済新聞 2018年6月30日；黒田 2019）．新興国においては，銀行口座をもたない多くの消費者をキャッシュレス決済における金融の世界に取り込んでいるが，これは，ICTの発展にともなってこれまで金融取引の世界から取り残されていた消費者をキャッシュレスに取り込む「フィンテック」，「金融包摂」であり，さらにマイクロファイナンスやBNPLといった先進国を越えた与信ビジネスへ進展する現象として表現することができる（黒田 2019；日経産業新聞 2019年8月14日；日本経済新聞 2019年9月17日）．

　現在，ミャンマーにおいては，民間の通信事業，金融業にかかわる企業の合弁事業者，民間金融業者，半官半民の通信事業者が，それぞれ独自のリソースをレバレッジとしてキャッシュレス決済という分野での漸進的な発展ではなく，一挙に先進的なテクノロジーにもとづくリープフロッグ事業を展開しようとしている（丹沢 2020；2021）．

　また，ベトナムにおいては，丹沢（2024）が明らかにしているように，日系企業と提携するかたちで，とくにハノイ，ホーチミンといった大都市でキャッシュレスビジネスが拡大しつつある．2020年以降にCovid-19が世界的に流行したこととは関係なく，デジタル化が進むなかで，ベトナムは日本やタイとならび，東アジアではキャッシュレス決済ビジネスが遅れているといわれている．しかし，その遅れの理由は現金決済にこだわる日本とは異なり，経済発展のステージ，地方と大都市間の情報格差にあるように思われる．丹沢（2024）は，日本企業から資本を受けたベトナムのキャッシュレス決済企業の発展状況を分析し，ベトナムでみられるキャッシュレス決済ビジネスの「リープフロッグ」の実態を6社と1機関へのインタビューから明らかにし，各ベトナム企業の事業展開が，取引費用の削減，プラットフォームの間接的なネットワーク外部性の拡大，最適なエコシステムの構築といった理論

的ロジックに合致していることを明らかにした．同時に，第3の競争，すなわちキャッシュレス決済企業間の競争について「クーポン戦略」，「デジタルギフト戦略」，「BNPL」の展開について，経済成長段階，地理的特性，人口構成などの特性から考察し，特定地域における理論的基盤をもつ個別企業戦略の道筋をしめしている．

　本章においては，進化経済学，取引費用経済学にもとづいて作成した理論的枠組み（丹沢 2000；2015）を用いて，各国におけるキャッシュレス決済ビジネス導入のプロセスを明らかにし，それによって，① 現金決済からキャッシュレス決済への移行のメカニズム，② 各キャッシュレス決済が右肩上がりの状況において共存するメカニズム，③ クーポンやポイントなど各キャッシュレス決済が地域や文化の特性に応じて住みわけをしていくメカニズムを明らかにしてみよう．

2. 先 行 文 献

(1) ビジネスモデルの淘汰

　組織内であれ，流通プロセスであれ，新しいビジネスの形態があらわれ，そのために伝統的なビジネスの形態が陳腐化し，とって代わられるという現象を扱う場合，システムショックと呼べるような環境変化の後に新しいビジネスモデルの提案と消滅というプロセスを扱う枠組みは進化経済学において議論されてきた（Nelson and Winter 1983）．

　そこでは，進化を推進する「力」，つまり進化を推し進める淘汰の基準は，「環境との同型性」であるといわれている（Hannan and Freeman 1977）．同型的であるとは，生き残ったビジネスモデルが，与えられた環境における「資源」，「ルール」，「キャパシティー」についてもっとも適合的であるという意味で，効率的であることを意味している．このことから，ビジネスモデルの進化の際の淘汰基準とは，その環境のなかで，最小の生産費用と取引費用の総和を

実現しているかどうかであるといい換えられるだろう．したがってここでは取引費用経済学の考慮も必要になる（Coase 1937; Williamson 1975; 1985）．

もちろん，行為者の行為がもたらす環境からの再帰的な影響，そしてかれの情報処理能力の限界を考慮すれば，この同型性という意味での取引費用を，その環境におけるミクロな行為者が自身の行為にあたって，正確に認識しているとは考えられない．したがって，1つのビジネスモデルの登場と陳腐化という場合，実際には，何らかの生産費用・取引費用的な根拠を含む「思惑」でしかないビジョンをもったミクロな行為者たちが，さまざまに試行錯誤を重ねた結果，社会的相互作用というマクロな，個人の意図を超えたレベルで上記の意味での淘汰がおこなわれ，相対的に適合性が高い「思惑」が「ビジネスモデル」として生き残るといえるだろう（Williamson 1988；丹沢 2000）．

したがって，たとえばキャッシュレス決済のように，個々の企業あるいは政府の意図的行為と社会的なレベルでの制度や慣行の進化のプロセスとの双方を含む現象を分析するためには，このようにミクロレベルの何らかの思惑をもつ意図的行為とマクロレベルの予期されなかった効果の発見を含む進化プロセスとを分けたうえで，両者のかかわりあい方，すなわちミクロ・マクロリンクを考えるというアプローチが必要だろう．さらにいったん生き残ったビジネスモデルは，生き残ったがゆえに，再びミクロな企業あるいは政府の学習の対象となり，かれはその学習結果を自身の行為レパートリーに含め，つぎの意図的行為においてそれを利用するのである．

Williamson, O. は図1のように，事業部組織の導入を例として進化論的フレームワークへの拡大を説明する（Williamson 1988）．ここでは事業部制そのものが進化するというのではなく，事業部制の「意図されていなかった側面」がつぎつぎと明らかになり，このタイプの統治構造が普及したという事情をのべている．

すなわち事業部制組織は情報処理上の過負荷を和らげるために導入された事業部制（X）が，事業部制組織が戦略的な問題についての部門長のセクショナリズムを低減するという予期されなかった効果（Y）をもっていたために取

図1 事業部制の普及

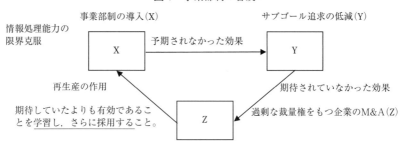

出所：Williamson 1988 より筆者作成．丹沢 2000：2015

引費用的により有利なビジネスモデルとなり，さらに，経営上の自由裁量の過剰が発生している企業のM&Aを支援するという効果（Z）も学習された．企業は事業部制組織が期待したよりも有効であることを学習し，さらに採用に拍車をかけた（再生産），つまり普及した．

(2) ビジネスモデルの進化のメカニズム

① システムショック後のビジネスモデルの登場と戦略的学習のメカニズム

丹沢（2000, 131頁）は，ミクロレベルにおける個々のビジネスモデルの登場とマクロレベルでの普及による進化プロセスという視点をしめしている．ここでは何らかのシステムショック後の新しいビジネスモデルが陳腐化したビジネスモデルに置き換わっていくプロセスがしめされている．ビジネスモデルの衰亡の際に基準となるのは，環境との同型性であり，いい換えると効率性の追求であり，生産費用と取引費用の削減である．図2におけるミクロレベルの意図的行動がこれであり，たとえば，1990年代以降のICTの進歩にともなう情報を扱うコストの低減可能性の登場のような「システムショック」があったとすると，X1において企業は，以前のビジネスモデルO1よりも相対的に効率的なビジネスモデルを考案する．しかし，ミクロレベルの企業が仮に生産費用と取引費用の削減を意図したデザインをしたとしても，それが，マクロレベルで環境と適合しているという意味で正しい理論的展望であるという保障はもちろんない．かれの認知能力には限界があり，環境はつねに変

第1章 キャッシュレス決済ビジネスの拡大とエコシステム形成のメカニズム 7

図2 システムショックと新しいビジネスモデルの登場

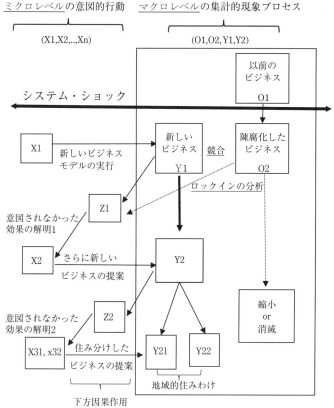

出所：丹沢 2000：2015

動しているからである．X1 は新しい環境のなかで Y1 としてマクロレベルで試されることになる．

したがって，図2におけるように Y1 はマクロレベルで，そのときの環境との適合性という意味で，つまりその環境のなかでもっとも少ない生産費用・取引費用をしめし，ゆえにもっとも多くの成果をしめしていたという意味でサバイバルした，Y1 をおこなう一定のグループに他ならない．かれらは生き残ったビジネスモデルをもつにいたったといえるだろう．

ここで個々の企業は，みずからの理論的思惑が本当に生産費用・取引費用

の節約になっていたかどうか確信をもっていたわけではないが，しかし，事後的に成功している先行行為者の行為とその成果を調べ，より成功的なデザインの意図されていなかった効果を学習することができるだろう．これがZ1である（丹沢2000）．この学習は，マクロレベルの現象が，ミクロレベルの行為の原因になるという意味で，分子生物学の領域では，下方因果作用（downward causality）と呼ばれている（Campbell 1976）．これを実行するのは，企業のみならず，研究者であったり，政府の担当者であったり，あるいはコンサルタントであったりするが，かれらは，この学習の結果を後続の個々のミクロレベルの企業に伝え，つぎにより多くの企業が改善されたデザイン行動としてX2を実行するだろう．このとき，もし競合的なやり方が存在しなければ，生産費用・取引費用的に優位なビジネスモデルY2は，システムショック後の環境において，もっとも適合的であるとして，より大きなグループによって実行される支配的なビジネスモデルY2として普及することになる．さらにY2がさまざまな地域，経済発展の段階において提案されるとき，その効果は環境の相違に応じて一様ではないだろう．ここで新しいビジネスモデルは，さまざまに住み分けていくことが予想される．これはY21, Y22として描かれる．また，このとき，陳腐化した以前からのビジネスモデルも縮小したうえで住み分けるか，あるいは消滅することになるだろう．

② 陳腐化したビジネスモデルへのロックインとそこからの脱出

しかし多くの場合，以前からのビジネスモデルは陳腐化しているにもかかわらず，比較的長い間生き残っている．むしろ新しいビジネスモデルにたいする強力な抵抗勢力となる，つまりロックインされることも多い．現実には，システムショック後に何らかのY2が提案されても，そのときO1というすでに成熟している，つまりO1によって利用できる資産，スキルへの習熟，取引相手との信頼関係などによってO1のビジネスモデルの成熟度が高い場合，スムーズにビジネスモデルの交替が実現するだろうか？

このような一挙に導入すればよりよいパフォーマンスをもたらす新しいビジネスモデルがあってもそれが導入されると初期的に劣ってしまう場合，古

いビジネスモデルへのロックインという現象がみられるという（丹沢2000；2015）．多くの企業経営，戦略，組織デザインの専門家の悩みがここに凝縮されているともいえるだろう．個々の企業の認知能力に限界があるとき，はじめからX1を採用しても，それがマクロレベルでサバイバルするとは確信できない．短期的に生ずる損失をスイッチングコストとして覚悟し，長期的な利得を追求するという意味での「戦略的な学習行為」によってはじめて，新しいビジネスモデルが支配的になる可能性はあるとだけいえるだろう．

しかし現実には，初期的に劣る新しいビジネスモデルは，往々にして優れた先進的企業によって導入されている．つぎに，それらの優れた先進的企業が，戦略的な学習を実行するメカニズムを明らかにしてみよう．図3において，縦軸は一定のビジネスモデルを採用することによって得られる利得であり，横軸は，そのビジネスモデルの成熟度をしめしている．

R1の成熟度をもつ以前のビジネスモデルにたいして新しいビジネスモデルの候補，X1をゼロの成熟度，R0から立ち上げるとしよう（図3参照）．ここでもし，新しいビジネスモデルのもたらす利得をX1P1として，それが以前のビジネスモデルが実現しているO1P1よりも大きければ，新しいビジネスモデルは放置しておいてもいずれ時間がたてば，転換することになる．

図3 新旧ビジネスモデルがもたらす利得とロックイン・戦略的学習

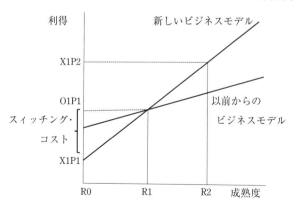

出所：丹沢2015

しかし，古いビジネスモデルをもつ企業が新しいビジネスモデルに移行することは，その成熟度をゼロにすることに等しいので，図3において，新しいビジネスモデルの利得，X1P1はすでにR1の成熟度をもつ古いビジネスモデルがもたらす利得，O1P1よりも低い．そのため放置しておくと転換が実現されることはないことがわかる．このような状態を「陳腐化されたビジネスモデルにロックインされている」と表現できるだろう．

しかし，戦略的な学習によって将来的に成熟度が増し，R2の成熟度を実現すれば，新しいビジネスモデルはX1P2の利得をもたらすことが可能であり，したがって，古いビジネスモデルが将来的にそれほどの利得を上げる可能性がないと予想されれば，同等以上の利得をもたらすビジネスモデルとして肩をならべることになる．ここで何らかの意図的方策を用いて人為的に成熟度を上昇させる行為が「戦略」として実行されることになる．この方策は，政府がおこなう制度整備というかたちをとる場合もあるが，おもに個々の企業によって実行される戦略的行動といえるだろう（丹沢 2015）．

3．各国におけるキャッシュレスビジネスの導入

現金決済は決済ビジネスとしては，もっとも古いビジネスモデルであり，クレジットカードは，キャッシュレス決済のなかではもっとも古く，電子マネーはしばらく前から，そしてQRコード決済は近年あらたに提案されたビジネスモデルである．日本，ミャンマー，ベトナムにおいてシステムショックにつづいて提案されているこれらの決済モデルが図2, 3でしめされた枠組みを用いてどう説明されるか，みてみよう．

(1) **日本における新しい決済ビジネスモデルとしてのキャッシュレスビジネスの展開**

丹沢（2023）は，経済産業省（2018；2020）やキャッシュレス推進協議会

(2021；2022；2023) などで公表された報告書，および日本クレジット協会の協力を得ておこなわれたクレジットカード事業者3社へのインタビューから，政府の施策および各社のキャッシュレスビジネスの展開を分析した．そこでは，第1の競合・競争である現金決済とキャッシュレス決済の関係では，新しいビジネスであるキャッシュレス決済にたいして「成熟度」を人為的に上昇させるためのさまざまな政府施策と企業戦略が観察されている．第2の各キャッシュレス決済間の競合・競争を考えるうえで，特に興味深いのは，キャッシュレス決済全体が右肩上がりの局面にあるなかで，各社は一見競合するようにみえる各決済手段を「エコシステムの形成」をつうじて，企業グループとして組み込み，共存させている姿だった．また，第3の競争は実際には「エコシステム間の競争」というかたちをとり，さまざまに実行されていた．

① 日本における政府施策による成熟度の人為的上昇

わが国における現金は，他国に比べ，決済インフラとして完成度が高く，現金にたいする消費者の信頼は厚く，成熟度が高い．ゆえにキャッシュレス決済へのスイッチングコストも高く，キャッシュレス決済がすなわち国民経済の成長という意味からより高い利得を予想させるにもかかわらず，わが国は，現金決済にロックインされている状態にあった．各企業・消費者が負担するこのような状況のなかで，政府は，スイッチングコストを軽減させるべく，積極的に制度的整備をおこない，キャッシュレス決済ビジネスの市場創生を促している．

North, D. (1990) が主張するように，適切な制度的環境の存在によってさまざまな経済活動の取引費用が削減されれば，市場の失敗が回避され，その結果より多くの経済活動が引き起こされ，最終的に経済成長を実現し，国全体が豊かになるという連鎖が引き起こされる (North 1990, p. 36)．このような視点は，キャッシュレス決済にともなう取引費用の削減能力を予想する，経済産業省の2018年における「キャッシュレスビジョン」の基底に流れる考え方でもあるといえよう．

同ビジョンにおいては,「国の生産性の向上」,「国力強化」のためには,「今後10年間（2027年6月まで）に,キャッシュレス決済比率を倍増し,4割程度とすることを目指す」としながら,キャッシュレス決済が,自然に普及しない理由として,普及以前の状態からのスイッチングコストの存在を指摘している.具体的には,社会的に治安が良く,偽札が少なく,ATMが普及していて現金を入手しやすいという日本の金融インフラの高い成熟度が,現金にたいする信頼を生み出し,あえてその状態から移行する意思をもたせないことになる.さらに,キャッシュレス決済の当事者である,中小規模店舗には,あらたな支払い端末の導入,現金支払いでは発生しない処理コストの負担,現金では発生しない収入のタイムラグ,手数料の発生,ネットワーク使用にかかわるコストという壁があり,その結果,消費者には,対応している店舗の少なさやキャッシュレスへの不安が生じ,クレジットカード事業者からみれば,確立した事業から外れる小規模店舗や手数料のわりに頻度の高い少額決済に参入する理由がみつからないことがあげられる.外国人旅行者の需要や,コンビニエンスストアでの試みなど,すでに個々の萌芽的なキャッシュレスビジネスの試みは存在するが,プラットフォームビジネスであるキャッシュレスビジネスを成功裏に展開するうえでの最大の問題,「鶏と卵問題」を自然に解決するほどの動力は見出されていない.

　この2018年における「キャッシュレスビジョン」の進行状況を点検しているのが,キャッシュレス推進協議会によって公表された「キャッシュレス・ロードマップ2021」および「キャッシュレス・ロードマップ2022」である.

　ここで紹介されている政府の施策でよく知られているのは,2019年10月に実施された経済産業省によるキャッシュレス・ポイント還元事業であり,そして総務省によるマイナポイント事業であろう.ポイント還元事業においては,消費税引き上げに対応して,2019年10月から2020年6月まで,消費者,中小規模加盟店,決済事業者にたいして支援がおこなわれていた.この支援事業は,消費者には2%〜5%の還元をおこない,加盟店へは「決済端末補助」「手数料補助」,「事務経費補助」,決済事業者へは補助金を交付して,

スイッチングコストの一部を政府が負担することにより，「鶏と卵問題」を解決し，人為的に「間接的ネットワーク外部性」を発生させ，好循環を促すことにより，キャッシュレス決済ビジネスの成熟度を人的に引き上げ，キャッシュレス決済ビジネスの市場を創生しようとしたといえるだろう．総務省によるマイナポイント事業では，スマートフォンやパソコン，所定の店舗などにおいて，ポイント付与の対象とするキャッシュレス決済手段を選択すると，チャージ金額あるいは決済金額の25％分のポイント（上限5,000円相当）が付与された．この施策も消費者グループの拡大から発生する間接的ネットワーク外部性の発生を狙ったものであるといえる．

　また，2020年6月には，「割賦販売法の一部を改正する法律」が成立し，オンラインショップでの「後払い」，「ツケ払い」，いわゆるBNPLといわれるような決済手段も出てきている．蓄積されたデータを用いて従来より精度の高い与信審査をおこなえるようになっている．DX化とともにあらたなビジネスモデルを実行できる制度的環境が整えられたといえよう．

　②　日本の各キャッシュレス事業者による「エコシステム間の競争」

　政府による制度戦略を受けて，日本におけるキャッシュレス決済をめぐる環境は大きく変わった．もちろん，基底には，ICTの進歩，少子高齢化の流れがあり，またここ数年はCovid-19の蔓延という環境変化も見逃せないが，何といっても，政府によって人為的に導入された制度的変更により，伝統的なクレジットカード事業に加え，とくにQRコード決済が，現金への競合のみならず，新しいビジネスモデルとして，あらたな業界からの参入，ビジネスモデルの再編成を引き起こしている．この局面にあって，以前から存在するクレジットカードやデビットカード，電子マネーによる決済とどのような関係性をもちながらあらたなビジネスモデルが発生しているのだろうか．これらは，一見，クレジットカードなど以前からあるキャッシュレスビジネスと競合するようにみえるが，3社にたいするインタビューの結果，現実には，キャッシュレス決済を営む事業者は，複数のキャッシュレス決済事業をエコシステムを形成しながら企業グループとして展開していることが明らかになっ

た．以下において，3社のクレジットカード事業者へのインタビューから，あらたな環境変化に対応したエコシステムの形成と人為的に成熟度を高めるための各社の提案を抽出してみよう．

　3社のインタビュー対象企業のなかに，クレジットカード事業のみに専念している企業はなかった．どの事業者も複数のキャッシュレス決済事業をおこない，一見したところ，競合しているのではないかと思われる複数のキャッシュレス決済のビジネスモデルをグループ企業として展開していた．この場合，グループ企業ではあるが，クレジットカードとQRコード決済のように，事業展開として競合企業も含むため，エコシステムというよりも正確には，バリューネットと呼ぶべきであろう（Nalebuff and Brandenburger 1997）．くりかえしになるが，興味深いことに，各社ともグループ企業間のカニバリズムを警戒する気持ちはないように思われた．キャッシュレス決済の業界全体が，「右肩上がり」なため，どのようにしたらシナジーを生み出せるかにより注目しているようにみえた．Momoazed, A., Johnson, N. L.の主張するように，今後のビジネスにおいては，製品あるいはサービスの単体での競争ではなく，重複する事業領域を含む「エコシステム間の競争になる」という姿があらわれているといえよう（Momoazed and Johnson 2016）．

　それぞれのビジネスモデルにおいては，間接的ネットワーク外部性を獲得するために，さまざまな企業戦略が展開され，成熟度の人為的な引き上げが試みられていた．

　もっとも知られているのは，QRコード決済に参入したA社による，消費者にたいする「多額のポイントプレゼント」というキャンペーンだろう．そのほかにも加盟店にたいして決済手数料を無料にするなど，鶏と卵問題の解決をはかり，間接的ネットワーク外部性を発生させ，成熟度を人為的に上昇させることで利得がスイッチングコストを上回る閾値に達する戦略が実行されている．また，C社は付与したポイントをみずからのエコシステムに加わる事業に共通のものとしており，エコシステム全体としてのサービスの競争力を増大させようとしている．また，クレジットカード事業者はサインレス

決済，ピンレス決済，さらには非接触カードの発行など，「これまで捨ててきた」といわれる少額取引への取り組みもみられる．これらは，大まかに住みわけながら，競合する場面もある企業戦略であるが，キャッシュレス決済のビジネスそのものが「右肩上がり」であるステージにおいて，それぞれ有効なエコシステム戦略であるといえる．

エコシステムにおいては，単に住みわけと競合がみられるだけではない．具体的な補完的側面も大きい．たとえば，A 社も C 社も E-コマースを祖業とするが，参入の大きな動因となっていたのは，E-コマースの展開において収集した，消費者の ID などの個人情報，オンラインショップが提供する加盟店としての情報であり，これらの情報がそのままリアル店舗でのコード決済のアカウント設定に利用され，かつ同グループの運営するクレジットカード事業のカード発行に転用されれば，非常に大きな競争優位になりうるものである．

また，伝統的にクレジットカードは後払いであるため，クレジットカード事業者の「与信審査」は多くの場合，厳しい，あるいは煩雑なものであった．この点で，オンラインでの取引履歴から与信審査に代わるものをおこなえる 2 社や，あるいは通信事業者がもつ携帯電話所有者の使用実態から得られるキャリア決済などでは，より低コストで繊細な与信審査が可能であり，このことによってより多くの消費者グループを形成し，間接的ネットワーク外部性の発生につなげることができる．

このような補完し合えるリソースをグループ内にもとうとすることは，不思議ではない．たとえば，E 社は，統合により金融機関に参加しており，その金融機関は，わが国を代表する企業グループに属し，多大な社会的信頼を得ている．このような，企業グループのブランド，所有する信頼などももちろん補完し合えるリソースであることは間違いない．それぞれの大小はあっても，キャッシュレス決済事業に関しては，顧客情報という点で補完し合えることは大きな要素であろう．

さらに，本来的に後払いであるクレジットカードは，個々の企業とカード

の種類によって内容は異なるが，与信審査は住所氏名のみならず，勤続年数，年収など煩雑な申請書作成を前提としている．しかし，2020年6月の「割賦販売法の一部を改正する法律」により，近年，若年層のオンライン取引を中心として，「後払い」，「ツケ払い」，いわゆるBNPLといわれるような決済手段も出てきている（キャッシュレス推進協議会 2021，28頁）．BNPLでは，厳しい与信審査があるためにクレジットカードをもてない消費者も，オンライン取引において，後払いでの購入が可能である．また，BNPL業者がECサイトに立て替え払いをするというメリットがある．与信審査の煩雑さは，クレジットカードにとってエコシステム内での劣位をもたらし，BNPL事業者は今後の大きな変動要因となる可能性があるだろう．

このようなエコシステム間の競争のなかで，伝統的なクレジットカード事業者は，どのような対応をみせているだろうか．複数のクレジットカード事業者をみたとき，エコシステム化の度合いは，E-コマース事業，通信業界など他産業からの参入者がより高いようにみえる．Covid-19の蔓延のため海外での消費行動の機会は減少してしまったが，相対的に古いビジネスモデルであるクレジットカードがもつグローバルな場面での優位性は揺るがないし，また不正取引，安心安全にかかわる既存システム整備，信頼がもたらす成熟度は大きなリソースであろう．これからもキャッシュレス決済のなかで，大きなプレゼンスを占めることは確かである．しかし，E-コマースにおけるリソースに個人情報をもたないクレジットカード事業者は，何らかの対抗戦略を考えなければならない．このことから，他社には存在しないスイッチングコストを負担する既存のクレジットカード事業者は，たとえば，電子マネーへのチャージのみならず，あらたにあらわれたQRコード決済のアカウントへチャージする際の紐づけを促進すること，これまで比較的高額な支払いに特化していたため，手数料の関係から今まで顧みることのなかった少額決済へのサインレスや非接触カードによる対応など住みわけ努力も必要な対応となっている感がある．

(2) ミャンマーにおける半官半民機関を含むエコシステム間競争

　ミャンマーにおいては，2021年2月1日に発生した軍事クーデターのため，ICTによるシステムショックとは比べ物にならない根底的なシステムショックを受けた状態にある．しかし少なくとも2010年の民政化から軍事クーデターにいたるまでは，民主的な政治が存在し，リープフロッグを享受することによる経済成長を実現していた．ここではその期間に観察されたキャッシュレス決済の展開からエコシステム間の競争をみてみよう．

　既述のように，現在のグローバル化した時代には先進国における変革が，即座に新興国に導入されることはリープフロッグとして知られ，結果的に新興国が先端を走るようになることも珍しくない（丹沢 2019；黒田 2019）．フィンテックとは，ファイナンスの領域にICTを生かすことであり，それによってこれまで金融サービスから取り残されていた人びとを金融サービスの世界に取り込むことを金融包摂といい，とくに新興国においては急速に進みつつある現象である（日本経済新聞 2018年6月30日；黒田 2019）．

　ミャンマーにおいても，同じように，人口の30％〜40％しか銀行口座をもたず（KBZ Bank），人びとのあいだの送金は，長距離バスをつうじておこなうという状態であったが（日本経済新聞 2019年7月24日），それぞれ，異なるリソースをもつ複数の企業が最先端のキャッシュレス決済ビジネスを導入し，スマートフォンを媒介とするICTをつうじて，フィンテック・金融包摂を実現し（清水 2018；日本経済新聞 2018年7月17日），金融事業における第2のリープフロッグを展開している．

　たとえば，給与のモバイル口座への振り込みは，わが国においても，政府主導の労基法の改正など，検討は進められているが，実現できていない（日本経済新聞 2018年8月3日；日本経済新聞 2019年7月17日）．ミャンマーにおいては年金のモバイル口座への振り込みも含めてそれが実現されていることは，一挙に最先端に立つという典型的なリープフロッグ現象であるといえよう．

　クーデター以前は，ミャンマーにおいては，民間の通信事業，金融業にかかわる会社の企業との合弁事業者，民間金融業者，半官半民の通信事業者が，

それぞれ独自のリソースを梃子としてキャッシュレスビジネスという分野でのリープフロッグ事業を展開しようとしていた。これらの事業者は，どのようにこのフィンテック・金融包摂の分野におけるリープフロッグ現象を進展させていたのだろうか。その結果，どのような戦略が実行されたのであろうか。

ミャンマーにおけるキャッシュレスビジネスを取り巻く環境：
金融包摂と送金需要

　ミャンマーにおける現金決済対キャッシュレス決済の競合については，語るべきものはそう多くない。ミャンマーには高額紙幣が存在せず，使い古された紙幣が銀行のカウンター横の台車に山積みされているほどであり，現在では硬貨も存在しない。現金決済の成熟度は著しく低い状態にあり，日本と比べてスイッチングコストも著しく低い状態にあるといえよう。しかし，経済成長にともない都市部には，多くの出稼ぎ労働者が集まっており，かれらの地元への送金需要がある。また，送金は，ミャンマーとタイ，ミャンマーとマレーシア，ミャンマーとシンガポール，ミャンマーと日本のあいだでもおこなわれる。これらの送金については，ミャンマーではWave Money社による送金サービスが先行しているが，もちろん他の事業者によっても個人間での送金が可能である。

　ただ，電子送金というのは，送った先の地元では基本，現金にして買い物をしなければならない。送金はキャッシュレスでやるけれども最終的にそれを現金化しなければならない。そのため，銀行との提携が必要不可欠になる。送金ビジネスでは，送金ビジネスを試みる通信事業者と銀行との提携が必要となっている。

　QRコードについては，MPU（Myanmar Payment Union）がシンガポール／タイの2C2PAYOOに委託して，標準化しており，加盟店でも支払いができる。MPT社，Telenor社，Ooredoo社，Mytel社など各社が展開している。

　また，これらのモバイルウォレットマーケットとクレジットカードマーケットの関係については，クレジットカード所有者が5％と，あまりにも少なく，

直接的な競合になっていないという回答であった（Wave Money インタビュー）．既述のように，ミャンマーにおいては，現金決済からのスイッチングコストは低く，政府の施策も QR コードの標準化程度で ICT によるリープフロッグを考えれば容易にキャッシュレスビジネスに参入できる状態になっており，実際に通信事業者，銀行からの参入がみられる．

　① ミャンマーにおけるキャッシュレス決済ビジネスの展開：Wave Money 社
　ミャンマーのモバイル金融サービスは，2016 年 10 月から通信キャリアのテレノアがヨマ銀行と提携して「Wave Money」というサービスを開始したのを嚆矢とする（清水 2018）．もともとヨマ銀行が 49％，通信事業者であるテレノアが 51％を出資した合弁事業であるが，すでに 1,100 万人の消費者，5 万 6,000 の地方におけるエージェントをもち，OTC（Over The Counter）の送金ビジネスのリーディングカンパニーとなっている．

　同社の 2019 年の送金額は前年の 3 倍以上にあたる 6 兆 4,000 億チャット（約 4,790 億円）に達した．人びとが銀行口座をもたないので，ついさきごろでは，バス送金と呼ばれる方法で現金を送っていた．2016 年以来，バス送金の利用者は 1/3 に減少している．また同社は「金融包摂」について，社会貢献をはたしているといっている．そして，そのことが，金融サービスにおけるリープフロッグであることを自覚している．送金手数料は，送金金額にもよるが，一日 5 万チャットあるいは 35 ドルまでならば，レベル 1 として携帯番号をしめすだけで実行でき，パスポートなど個人情報を提供すればレベル 2 となり，50 万チャットまで，あるいは 350 ドルまで送金可能になる．アプリはオープンで，他の通信事業者の携帯からも利用できる．

　送金手法については，消費者は，エージェントと呼ばれる代理店を訪れ，送金相手の携帯番号をつたえ，現金を振り込む．代理店は専用アプリで入力し，受取人の携帯に通知する．受取人は携帯と身分証明書をみせて，最寄りのエージェントで受け取る．エージェントは支払いのための現金をもつ必要性があるが，地方の裕福な代理店をエージェントとして，3,000 万チャットの預託金をとり，現金への換金というボトルネックを回避している．

もちろん，送金以外にも加盟店を対象とした支払い業務も試みている．2020年1月のMyanmar Times newsによると，タイとシンガポールに本拠地をもつグローバルな決済プラットフォーム2C2Pと提携し，東南アジアの6億2,000万のバンクト／アンバンクトの人びとから支払いを受けることが可能となっている．

送金された電子マネーは換金されなければ，そのままかれらのモバイル口座に留め置かれることになる．これは将来的に中国のアリペイのような銀行口座にとって代わりうるものであるが，銀行口座が普及していないためとくにヨマ銀行との緊張関係はないように思われ，もともと競合としての認識が薄いようである．通信事業者と銀行との提携から形成されたエコシステムであるといえよう．

② KBZPay

KBZBank（カンボーザ銀行）はミャンマー最大の民間銀行であり，全国に500の支店と1万8,000人の従業員がいる．しかし既述のように国民の銀行口座保有率は低く，また，高額紙幣がなく，汚れているため，現金のハンドリングコストは高い．各支店のカウンターには，紙幣の束が山積みされ，効率性が高いとはいえない．KBZPayは，KBZBankの一部門でありながら，モバイルウォレットビジネスを展開しているが，中国のアリペイにみられるような，仮想口座としての発展の可能性があるモバイルウォレットが，先進国におけるように銀行にとって競合として受け取られることはないようである．むしろ将来的に銀行口座の開設につながり，金融サービスの効率化が期待されている．また，各通信事業者のモバイルホーンにたいしてオープンなアプリを提供しており，まさにフィンテックによる金融包摂をともなう金融業におけるリープフロッグであるといえよう．

同行が展開する電子決済サービス「KBZPay」は，2018年7月にパイロット事業，10月にモバイルウォレット事業を開始し，2019年1月に100万のカスタマー，7月に10万の加盟店，2019年12月には，400万のカスタマー，27万の小売店とエージェントを開拓している．Wave Moneyが送金にかかわる

リーディングカンパニーであるとすると，KBZPayは，モバイルウォレットのリーディングカンパニーであるといえよう．

ここでいう小売店とは，現金で支払えるところで，現金のみを扱う．送金業務をになうと思われるエージェントはそれに対して，キャッシュイン，キャッシュアウトができる加盟店である．ここでは，携帯料金のトップアップ，通信パッケージの購入，入金，預金，引き出し，QRコードでの支払い，OTC取引が可能である．KBZPayは，基本的に前払いであり，ベトナムにおいてもそうであるが，どちらかというと日本の電子マネーに近い．QRコードについて，KBZPayは，MPUが進めるQRコードを使った電子決済システムの統一規格導入も支援している．

現金のデリバリーについては，銀行の支店のネットワークも有利であるが，電子決済サービス「KBZPay」の加盟店向けに，あらたな短期融資制度「クイック・アクセス・ローン」（Quick Access Loan）を正式導入している．加盟店のキャッシュフローを改善し，30万チャット（約2万2,000円）を即座に入手できる．そのうえ担保や保証人，申請手数料は不要である．

また，Wave Moneyと同じく，消費者は，給与，年金をKBZPayのアカウントに振り込むことができる．銀行口座と同じように使用できる点が，同様のことが規制によって阻まれている日本とは対照的であり，スイッチングコストを低下させている点では，まさにリープフロッグの典型であるといえよう．

ただ，急速に消費者数，小売店／エージェント数を伸ばしているとはいえ，キャッシュレス決済がそれに応じて急速に伸びているわけではないかもしれない．各小売店では，「責任者がいないので……」といった理由でキャッシュレス決済ではなく現金決済を勧められることが多いことは事実である．KBZPayのステッカーを貼っている店が増えただけで，銀行にキャッシュレス決済導入のモチベーションはあっても，消費者や小売店，エージェントの情報リテラシーが十分でないという側面があるかもしれない．

③ MPTPay

MPT Joint Operationは，丹沢（2019）において取り上げ，またすでに概略

をのべたように，ミャンマーの郵電公社と日本のKDDI，住友商事の合弁会社であるKSGMが共同でおこなっている半官半民の通信事業である．同事業は，ミャンマーにおける固定電話から4Gの携帯電話へのリープフロッグを実現し，現在では携帯事業において40％を超える第1位のシェアを維持している．MPTPayは，2019年10月にキャッシュレス決済ビジネスの認可をとり，2020年1月28日に事業を開始し，送金および決済ビジネスに参入した．同社は，銀行からの出資を受けておらず，通信事業からの参入しており，通信業から金融包摂を試みている点が特徴である．ミャンマー全体で2,500万人の携帯電話契約者をもつ同社の参入は，大きなインパクトがあった．したがって，同社の強みは，ミャンマー国内の遠隔地までは張りめぐらされたネットワークの広さと国営ブランドとしての信用力であった．人口の5割近くに通信サービスを提供しているだけでなく，通信料金を納めるトップアップカードを10万店の販売代理店がもっていることも大きい．

　Wave Money，KBZPayに比べると，後発になるが，手始めに実需の見込める送金ビジネスから手掛けようとしている．送金のためには，都市での入金と地方での出金のネットワークが必要であるが，10万店の通信用通信料のトップアップ可能な代理店のうち，2万店に準備金を提供し，地方での現金の出金需要にこたえようとしている．この代理店の拡大は現在もっとも力を入れている活動である．銀行とは提携関係を結んでいる状態である．

　決済ビジネスに関しても，モバイルマネー事業者としてははじめてタクシーとの契約を締結し，当初は1,000台ではじめ，徐々に増やす計画である．送金サービスを利用してもらうことで認知度を上げ，店舗での電子決済をはじめ，銀行・マイクロファイナンス機関（MFI）と提携した農業従事者や中小企業（SME）への小規模融資，企業の給与や年金の支払いなどにもサービスの幅を広げる計画である．

　モバイル口座については，トップアップされた通信料金からキャッシュレスで支払うことができ，また，そのモバイル口座に給与・年金などが振り込まれることは，同社の戦略にとって大きな可能性を与えている．さすがにこ

の口座の金銭に利子をつけることはできないが，携帯電話事業者ならではのポイントを付与し，それに変えることができることは興味深い．同社は，すでに2年前にMPTクラブという各業界のトップ企業をメンバーとするグループをエコシステムとして構成している．このポイントは同社の通信料金に使えるだけでなく，さまざまなスーパーマーケット，ガソリンスタンドでの支払いに使用できる．いわゆるシェアナンバーワンの優良企業とコンソーシアムを組んで，共通ポイント利用をできることになっている．もしキャッシュレス決済が普及したときには，他の2社にはない大きな影響力をもつことが予想される．

　また，以前からの携帯電話のキャリアとして，動画などさまざまなアプリを導入しており，先進国で進んでいる，家計管理，保険など多くの機能をもつスーパーアプリ化にもっとも近いことも指摘できよう．

(3) ベトナムにおける2つの情報格差へ生かしたキャッシュレス決済ビジネスの展開

　ベトナムにおいても現金決済へのロックインがみられず，リープフロッグと金融包摂を生かしたキャッシュレス決済ビジネスが展開されている．丹沢(2024) は，2023年8月，2024年3月と2度にわたって，8社1機関の調査結果を紹介している．これらの調査からベトナムにおける社会経済的背景，ITリテラシーの現状，そして各キャッシュレス決済にかかわる企業の具体的な戦略を紹介し，社会的背景や地域的特徴をしめしたうえで，キャッシュレス決済にかかわる企業がどのような具体的な戦略を実行しているか，をみてみよう．

ベトナムにおけるキャッシュレスビジネスを取り巻く環境

　ベトナムは約1億人の人口をもち，新興国として高い成長率をしめしている．2022年には前年比8.02％の経済成長をはたしている．とくに興味深いのは，政府主導で銀行口座の保有率を高めたり，銀行カードによるキャッシュ

レス決済を促進するなど，金融包摂が進められる（World Bank, 2017）とともに，携帯電話の普及にともない，とくにキャッシュレス決済の分野と共進化を遂げるリープフロッグ現象を引き起こしていることであろう．その結果，ハノイ，ホーチミンなど大都市の若年者世代の携帯電話の所有率は高いが，地方における所有率は低いというデジタルデバイドを引き起こしている．このことは地方と大都市間の情報格差を大きくしているといえるし，また，大都市においても若年者世代と老年者世代との情報格差を拡大するという錯綜したITリテラシーの分布，つまり錯綜した2種類のデジタルデバイドがみられ，大都市にIT系人材が集中するという社会的背景を生み出している．

　ベトナムにおけるキャッシュレス決済の特徴として，クレジットカードは銀行のみが発行できること，既述のように都市と地方，都市における若年層と老年層といったデジタルデバイドのため国全体としては現金決済の比率は高いが，日本の平均年齢が48歳であることに比べて，ベトナム全体の平均年齢は，32.49歳と若く，ホーチミンやハノイといった大都市若年層においては，日本と比べてキャッシュレス決済への抵抗が少ないことから，とくに大都会の若年層においてスイッチングコストが低いという状況を引き起こしている．また，欧米のみならず日本においてもとくにE-コマースの領域において成長しているBNPLについて，一種の低額融資としてとらえ，取引を重ねていくうちに与信を増していく消費者開発手法として受け止めている点が印象的であった．

　Momo社は，現在は日系企業の資本も受け入れているが，元来は2007年に携帯電話料金の支払いサービスを祖業としてはじまり，その後，キャッシュレス決済事業そのものに転換している．現在は，ベトナムの少なくともB to Cのキャッシュレス決済市場において最大手のキャッシュレス決済事業者の1つとなっている．ここではとくにキャッシュレス決済ビジネスの具体的な戦略的展開について尋ねた．

　PAYOOもまた日系企業の資本も受け入れているが，2008年に支払い代行を主たる事業としてはじまり，その後，キャッシュレス決済事業に進出して

いる．現在，Momo 社と同じく，ベトナムの決済市場において最大手のキャッシュレス決済事業者となっている．

調査対象となったキャッシュレス決済ビジネス企業は，銀行と強いつながりをもつとはいえ，小売店あるいは加盟店と消費者との取引，すなわち B to C の取引において，何らかの支払いを必要とする消費者と支払いを受ける小売店との決済，をおこなうプラットフォームを提供する企業であり，企業間の B to B のキャッシュレス決済にかかわる企業ではない．

実際にキャッシュレス決済ビジネスを展開している Momo 社と PAYOO が実際に展開している戦略をみてみよう．

① Momo 社によるキャッシュレス決済ビジネスの展開

Momo 社は，ベトナムにおけるキャッシュレス決済ビジネスの最大手であり，クレジットカードと紐づけた前払い型の電子マネー的な性格をもった B to C の決済プラットフォームを展開している．同社は，先述の政府の金融包摂，キャッシュレス決済の促進，大都市と地方，大都市における若年層と老年層との 2 重のデジタルデバイドという社会経済環境の背景のもとで，ベトナム内の銀行，日系企業，日系銀行の出資を足掛かりとしてキャッシュレス決済ビジネスのおもに消費者を対象とした戦略を積極的におこなっている．金融包摂の一翼をになうという意識をもちながら，ローンの回収，航空券の販売，税金の徴収，映画チケットの販売をはじめとした，事業を展開しているが，提携している，あるいは母体となっている銀行とは，B to C つまり一般消費者を対象とするという住みわけをおこなっている．消費者戦略としては，最大の特徴となっているのは，おもに日系企業と提携して価格を割り引くクーポンを発行するという消費者拡大戦略である．クーポンの発行は，特定の（多くは）日系企業の小売店のみで割引がおこなわれるクーポンを発行し，消費者数の増加を誘引することで間接的ネットワーク外部性を生かし，結果的に小売店の増加をも狙っている．

さらに，日本の事業環境においては伝統的な企業による抵抗を受けやすく，一部の先進的なクレジットカード事業者と，E-コマースでのみ実現できてい

るBNPL戦略も積極的に展開しつつあるように思われる．同社のキャッシュレス決済においては，消費者戦略として，消費者の氏名，生年月日，メールアドレス，そして携帯番号をAIによるデータ分析を駆使し，BNPLを展開している．BNPLは，既述のとおり，近年欧米のとくにE-コマースにおいて急成長し，日本にも取り入れられつつあるビジネスモデルであるが，ベトナムでは与信を与えられない若年層が，高いITリテラシーをもち，おもな消費者層を形成しており，かれらが重要な顧客となっている．BNPLによって入手されるデータは，クーポンと併せることによって，与信の度合いが低い若年層にBNPLサービスを適宜提供し，与信を高めていくという戦略を採用している．日本においてもクーポンは若年層を主体としたとくに価格感度の高い消費者に有効な戦略といわれているが，ベトナムにおいては，与信審査の厳しいクレジットカードが浸透しておらず，また，ITリテラシーの高い大都市という環境を背景としてBNPLとクーポン戦略が普及しているといえよう．

② PAYOOのキャッシュレス決済ビジネス

つぎにMomo社とはまったく異なるキャッシュレス決済ビジネスモデルを展開している，やはり最大手となっているPAYOOをみてみよう．同社もベトナム国家銀行との関係をもつとともに2008年に設立され，ネットワーク関係の日系企業が出資している．祖業は公共サービスの収納代行であったが，Momo社と同じく決済プラットフォームを提供するビジネスである．しかし日系の出資企業が決済にかかわるキャッシュレス決済のネットワーク処理に関係する事業をコアコンピタンスとすることから，決済プラットフォーム自体を提供するのではなく，小売店（加盟店）にたいしてさまざまな決済プラットフォームを収納するワンストップの決済端末を提供し，キャッシュレス決済処理の手数料から非常に僅かなネットワーク使用の手数料を受け取るというビジネスモデルである．決済端末は無料で小売店に配布し，消費者がもつ異なるキャッシュレス決済手段から選択させ，現在では結果的にベトナム最大のネットワークを形成している．

したがって，消費者の拡大をはかるMomo社とは競合関係にない．あまり

話題になっていないとはいえ，日本でも同様のビジネスモデルが存在する．しかしMomo社がベトナムにおいて受け入れられていることは，日本におけるクレジットカードの決済を処理するアクワイアラーの業界において，加盟店の劣化を招くという惧れから，このビジネスモデルを歓迎しない雰囲気があることとは対照的であろう．クレジットカード事業が未成熟であること，政府の金融包摂という政策を背景としていること，日系企業および堅実な銀行との提携が足掛かりとなっていることから，現在のベトナムにおいては大きなプレゼンスを実現している．

興味深い点は，Momo社が消費者を対象としてクーポン戦略に注力していることとならんで，いまだ普及しているとはいい難いが，どちらかというと小売業者を対象とした「デジタルギフト戦略」を展開していることだろう．これは，消費者が商品のバウチャーを他の消費者に送ることを可能にするサービスである．日本的には商品券に近い．PAYOOは小売店で交換できる商品をバウチャーとして発行し，その商品を提供する企業は広告宣伝費として処理したうえで提供する．消費者は，200以上のバウチャー交換先から選択し，アプリ上で使用できるようにしたものである．商品別で使用先が限定されるクーポンではなく，商品別ではあるが，使用先の限定が少なく，日本におけるポイントに近いが，クーポンと同じく即金性の高い消費者にたいするインセンティブであるといえる．

4. 調査結果の理論的評価とディスカッション

前節においては，日本，ミャンマー，ベトナムにおけるキャッシュレス決済ビジネスをめぐる状況を理論的フレームワークにもとづいて分析した．つぎにそれらを(1)現金決済対キャッシュレス決済をめぐる競争，(2)提携戦略とエコシステム間の競争，(3)ポイント戦略，クーポン戦略そして併用戦略について検討してみよう．

(1) 現金決済対キャッシュレス決済をめぐる競争

　現金決済あるいはキャッシュレス決済の，各支払い手段がどれほどの取引費用を引き起こすかは，各国，地域の社会経済的環境に依存することは確かであろう．たとえば，日本のように信頼できる現金が普及している国，地域では，現金決済が引き起こす取引費用は相対的に低く，電子マネー決済，QRコード決済という支払い手段へのスイッチングコストは高いといえるだろう．それにたいして，金融包摂が目標になるような新興国においては，ミャンマーのような使い勝手の悪い紙幣（丹沢 2019；2020；2021），中国においていわれるような偽札が横行したり，あるいはベトナムのように大都市と地方間，大都市においても若年層と老年層間の情報格差が著しく，その結果全国的には銀行口座の所有も進んでいなければ，現金からキャッシュレス決済へのスイッチングコストは相対的に低いといえる．クレジットカード，QRコード，電子マネーにより支払う際に生ずる取引費用が相対的に低く，利便性の高いプラットフォームが提供されれば，その結果，決済ガバナンスとしてキャッシュレス決済が消費者と小売店によって選択されることになる．現金決済とキャッシュレス決済とのあいだの競争はこのようにおこなわれるだろう．

　図4をみてみよう．金融インフラとして整備の進んだ日本の現金決済の環境は，成熟度の点でR1の位置にあり，O1P1の利得をもたらしている．偽札，紙幣の汚れ，小額紙幣，硬貨の欠如などさまざまな欠点をもつ新興国における現金決済は，それなりにR1の成熟度でもO1P2の利得しかもたらさない．

　ここで両国でキャッシュレス決済を導入すると，日本では，S.C. ① 分の利得の喪失を被るので，将来を見越して導入しようとしても政府はキャッシュレス決済のために少なくともR1成熟度までコストをかけて人為的に引き上げなければならない．これがさまざまなポイント還元であり，法整備の努力であろう．

　それにたいして新興国では，キャッシュレス決済の導入の当初から，S.C. ② 分の利得増を享受できる．新興国ではスイッチングコストは存在せず，したがってロックインも存在しない．これが日本におけるキャッシュレス化が遅れて

図4　現金対キャッシュレス：日本と新興国におけるスイッチングコストの違い

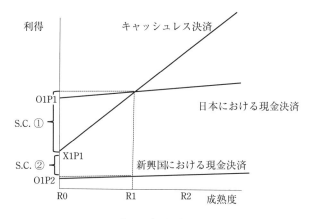

出所：筆者作成

いる理由であり，新興国において急速にキャッシュレス決済が進んでいる理由だろう．これも一種のリープフロッグといえることはいうまでもない．

(2) 提携戦略とエコシステム間の競争

　Coase, R. に端を発する取引費用の経済学は，社会経済全体の制度と取引費用の関係のみならず，企業戦略の領域においても多くの研究と派生する戦略を生み出している (Coase 1937; Williamson 1975; 1985; Picot, Ripperger and Wolff 1996; 丹沢 2017；2021；2022；2023)．後者においてはとくに，第1に特殊な資産への投資を促す企業間取引の分析が盛んにおこなわれた．第2にグループ企業のみならず，企業の外部，内部の環境に積極的にかかわり，業界団体あるいは民間企業自身が，自社の行動にかかわる取引費用を削減するために環境の構造に働きかけるという意味での「非市場戦略 (non-market strategy)」(Dorobantu, et al. 2017) あるいは提携することで「経済圏」を形成する手法が試みられている．

非市場戦略においては，企業が自社が提供するプラットフォーム上の取引費用を下げるために，他業界の企業，政府の政策との協調，類似業種の企業との提携，業界団体による政府機関への働きかけなどである（Dorobantu, et al. 2017）．政府政策との協調には，税制優遇措置や規制面での支援が含まれる．

　クレジットカード，電子マネー，QR コード，BNPL など各キャッシュレス決済は，キャッシュレス決済という市場のなかで互いに競合し，シェアを争っているにもかかわらず，各企業は現金決済との競争における右肩上がりの状況のなかで，各決済企業を構成するエコシステムを形成していた．しかし，どれも MVE（Minimum Viable Ecosystem）であるが，エコシステムを構成する企業は，それぞれの企業の出自，参入以前の祖業に応じてコ・イノベーションリスクの回避，アダプションチェーンの調整の点で相違があるように思われる．たとえば，銀行業からの参入，通信事業からの参入，E-コマースからの参入と分けることができる．

　これらの違いは，どの程度成熟しやすいか，という点で相違をもたらすかもしれない．たとえば，図 5 におけるように，KBZPay や Momo 社のようなエコシステム①のように各成熟度で最善の利得をもたらす，通信事業からの

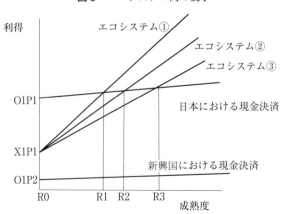

図 5　エコシステム間の競争

エコシステム①：銀行、エコシステム②：通信事業、エコシステム③：E-コマース
出所：筆者作成

参入は，情報格差のためにそれに次ぎ，E-コマースからの参入は，将来性は高いが，③のような軌道をたどると予測できるだろう．

(3) ポイント戦略，クーポン戦略そして併用戦略

つぎにキャッシュレス決済を実行している各企業間の競争について考えてみよう．戦略論の地平においては，より低い取引費用をもたらす手段を提案するだけでなく，日本における現金決済とキャッシュレス決済の選択の際に実際には移行コストが問題になるように，たとえば，消費者と小売店それぞれの取引主体間の「特殊な資産への投資」を促すことによって他のプラットフォームへのスイッチングコストを上げ，その取引のガバナンスへの取り込み，囲い込みをはかるという戦略が主流である．

より低い取引費用の提案という考えは，実際の戦略実行のステージでは，より低い取引費用を発生させる決済ガバナンスの提案と，他の取引手法へのより高いスイッチングコスト，つまり他社の決済手法の取引費用をより高める戦略との双方を兼ね備えたビジネスが展開しているというのが実情だろう．キャッシュレス決済ビジネスの領域では，決済ガバナンスは，決済をおこなうプラットフォームの提案というかたちをとる．

Momo社においてもPAYOOにおいてもまずは若年世代を対象としたプラットフォームが提案されていた．すなわち，若年世代の高いITリテラシーを梃子にして，消費者にフレンドリーなテクノロジー，現地の人びとに使いやすいモバイルアプリやデジタル決済プラットフォームの開発に注力している．支払いプロセスを簡素化し，自社のプラットフォームの採用を促進していた．

ベトナムにおいては，Momo社とPAYOOは既述のように直接的な競合ではないが，それぞれ特有のプラットフォームでこの「特殊な資産への投資」を促す戦略を展開していた．

他のプラットフォームへのスイッチングコストを高める特殊な資産への投資を促す戦略としては，日本においては，ポイント制が普及しているが，クーポンの付与も数多くみることができる．Momo社においては，クーポンの提

供によるロイヤリティ・プログラムによって他のプラットフォームへの移行コストを高める手法がみられる．クーポンの提供は，小売業界などの特定の（多くは）日系企業の小売店のみで割引がおこなわれるクーポンを発行し，消費者を誘引するとともに，結果的に間接的ネットワーク外部性を増加させ，小売店の増加をも狙うことになる．与信の度合いが低い若年層にBNPLサービスを適宜提供し，与信を高めていくという戦略もこの視点から議論される．BNPLと継続的取引によって与信の度合いを高めれば，他のプラットフォームへの移行コストは高くなるだろう．

　つぎにPAYOOはどうだろうか．PAYOOの場合，決済端末を無料で小売店に提供していることは，より多くの小売店を引きつける，すなわち自社のプラットフォームを選択させる手段であると同時に，小売店を他のプラットフォームに移行させない，「特殊な資産への投資」戦略であるといえよう．Momo社が消費者を対象としてクーポン戦略に注力していることとならんで，類似したどちらかというと小売店を対象とした「デジタルギフト戦略」を展開していることも興味深い．これは，日本では商品券に近いものだが，PAYOOが何らかの企業の商品を広告宣伝費を原資として集めてカタログに載せ，それをPAYOOのアプリに載せる．ギフトの送り手の消費者はPAYOOのアカウントにチャージした金額からポイントを購入し，バウチャーを得る．そのバウチャーをギフトとして相手に送る．つぎにアプリ上のカタログにはPAYOOに商品を提供した企業・小売店がならび，バウチャーをもった人は企業あるいは小売店を選択し，提示された商品を選んで特定の企業・小売店で商品を受け取るというものである．PAYOOはまったく費用を掛けずにこのデジタルギフトを展開している．CtoCのやり取りにかぎられ，加盟店はPAYOOアプリに名が載り，バウチャーによって自社・小売店で消費されるというメリットを受ける．ギフトの受け取り側の消費者に商品選択の自由があるという点で日本でもみられるポイント制に近く，使う場所を限定し，即金性が高いところは，クーポンに近い．

　この間接的ネットワーク外部性を高める戦略は，鶏と卵（消費者と小売店）

第1章　キャッシュレス決済ビジネスの拡大とエコシステム形成のメカニズム　33

図6　各社のポイント，クーポン，あるいは併用戦略

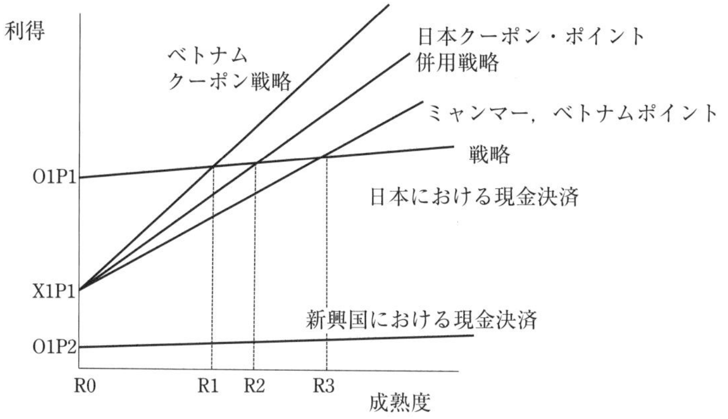

のどちらを優先するかという問題として知られている．Momo社は，消費者の数をまず増やしてその魅力によってクーポンを発行する加盟店を増やそうとすることに重点を置いているし，PAYOOは小売店を増やしてからその魅力によって消費者を増やそうとしているといえる．そしてどちらも，自社の決済手段を選ばせることは，そのプラットフォームへの「特殊な資産への投資」を増すことを意味し，他社のプラットフォームへのスイッチングコストを上昇させるといえるだろう．

図6のように，調査においては，平均年齢が若く，大都市の若年層において情報リテラシーが高いベトナムにおけるクーポン戦略がもっとも有力であるように思われる．日本において普及しているクーポンとポイントの併用は，それにつぎ，ミャンマーのMPTPay，ベトナムのPAYOOのデジタルギフトはまだ環境に合致しておらず，成熟度を上げるには時間が必要と思われる．

5．おわりに——見出された含意と今後の課題

本章においては，まず日本における現金決済へのロックインのメカニズム

をしめすことができた．これによって政府による制度戦略，個々の企業による戦略的対応の理論的根拠がしめされたのではないだろうか．また，システムショック後にあらわれているさまざまなキャッシュレス決済間の競合がエコシステム間の競合として展開していることが明らかになった．ここではこの競合の帰趨は，エコシステムの構成，ここの企業の参入以前の祖業が大きく影響することがしめされた．さらに，クーポンの付与やポイント付与のようなエコシステム内の個々の企業の戦略を分析するには，ICT の進展による環境の相違に加えて，地域，経済の成熟度，年代の相違などを考慮して分析する必要があることがしめされた．もちろんこれらはまだ分析の端緒をしめしたにすぎないことはいうまでもない．本章において理論的な根拠をしめしたとはいえ，未だ定性的な分析にとどまっており，さらに定量的な検証をつづけていかなければならないだろう．

謝辞　本研究にいたる一連の研究においては，日本学術振興会科学研究費助成事業による「アジアにおける日系進出企業によるビジネス・エコシステム形成戦略」への研究資金，および中央大学政策文化総合研究所による「東アジアにおける企業戦略と制度的環境」への研究資金が提供された．このあいだ，Covid-19 などの障害もあったが，ここに両機関に継続的に研究の機会を与えていただいたことに深く感謝したい．

参　考　文　献

Campbell, D. T.（1976）"Downward Causation in Hierarchically Organised Biological Systems", in *Studies in the Philosophy of Biology*, ed．Ayala, F. J. and Dobzhansky, T., Macmillan London, pp. 179-186

Coase, R. H.（1937）"The Nature of the Firm", in :*Economica N.S.*, Vol. 4, pp. 386-405,（「企業の本質」『企業，市場，法』宮沢健一，後藤晃，藤垣芳文訳，東洋経済新報社，1992 年，39-63 頁）

Dorobantu, S., Kaula, A. and Zelner, B.（2017）"Nonmarket Strategy Research Through The Lens Of New Institutional Economics: An Integrative Review And Future Directions", *Strat. Mgmt. J.*, 38: pp. 114–140

藤木裕（2022）「日本の家計による支払い手段選択について」『未定稿』

Hannan, T. and Freeman, J.（1977）"The Population Ecology of Organizations", *American Journal of Sociology*, 82: 5: pp. 929-964

小早川周司，近藤崇史（2018）「決済システムレポート・フィンテック特集号―金融イノベーションとフィンテック―」，*BOJ, Reports & Research Papers*

黒田東人（2019）「新興国の持続的発展に向けて」『エマージングマーケッツ・フォーラム』日本銀行

宮居雅宣（2020）『決済サービスとキャッシュレス社会の本質』金融財政事情研究会

Momoazed, A. and Johnson, N. L. (2016) *Momodern Momonopolies*, Applico LLC, (『プラットフォーム革命』藤原朝子訳，英治出版）

Nalebuff, B. J. and Brandenburger, A. M. (1997) *Co-opetition*, Linda Michaels Literary Agency New York

Nelson, R. R. and Winter, S. (1983) *An Evolutionary Theory of Economic Change*, The Belknap Press of Harverd University Press

North, D. (1990) *INSTITUTIONS, INSTITUTIONAL CHANGE AND ECONOMIC PERFORMANCE*, Cambridge University Press, (『制度・制度変化・経済成果』竹下公視訳，1994年，晃洋書房）

Picot, A., Ripperger, T. and Wolff, B. (1996) "The Fading Boundaries of the Firm - The Role of Information and Communication Technology-", in: *Journal of Institutional and Theoretical Economics (JITE) Zeitschrift für die gesamte Wissenschaft*

Picot, A. and Bortenlänger, C. (1997) "Organization of Electronic Markets:Contributions from the New Institutional Economics", in: *The Information Society*, 13: pp. 107-123

清水充郎（2018）「勢いづくミャンマーのモバイル金融サービス」DIRアジアインサイト，1-5頁

丹沢安治（2000）『新制度派経済学による組織研究の基礎』白桃書房

丹沢安治（2015）「情報テクノロジーの発達と共進化現象」（『政策文化総合研究所年報』第18号）

丹沢安治（2017）「薄れゆく産業境界とビジネスモデルの革新：Industrie4.0/IoTがもたらすビジネスモデルの理論的背景は何か？」（『商学論究』関西学院大学商学研究会，第64巻／第3号），75-99頁）

丹沢安治（2018）「ミャンマーにおける日系公的機関・半々半民機関そして日系進出企業による目がストラテジーの展開」（『政策文化総合研究所年報』第21号），3-22頁

丹沢安治（2019）「ミャンマーにおいて形成されつつある3つのビジネス・エコシステム」（『政策文化総合研究所年報』第22号），211-227頁

丹沢安治（2020）「ミャンマーにおけるキャッシュレスビジネスの進展―第2のリープフロッグ現地報告―」（『政策文化総合研究所年報』第23号），81-93頁

丹沢安治（2021）「DX時代における日本企業の新興国ビジネス戦略―ミャンマーにおけるエコシステム戦略の視点から―」（『政策文化総合研究所年報』第24号），3-29頁

丹沢安治（2022）「ドイツ製造業において進行するInd. 4.0と日本の製造業の企業戦略―3つの薄れゆく産業境界―」（『社会イノベーション研究』17 (1)），1-17頁

丹沢安治（2023）「キャッシュレス新時代におけるクレジットカード事業の新構想」（『政

策文化総合研究所年報』第 26 号），3-25 頁

丹沢安治（2024）「企業戦略から見たベトナムにおけるキャッシュレス決済ビジネス企業の展開」（『政策文化総合研究所年報』第 27 号）

Williamson, O. E. (1975) *Markets and Hierarchies: Analysis and Antitrust Implications*, New York ［Free Press］（「市場と企業組織」浅沼萬里，岩崎晃訳，1980 年）

Williamson, O. E. (1985) *The Economic Institutions of Capitalism – Firms, Markets, Relational Contracting,* The Free Press

Williamson, O. E. (1988) *The Economics and Sociology of Organization, Industries , Firms, and Jobs,* ed . Farkas, G., England, P. Plenum Press New York and London

〈報告書〉

キャッシュレス推進協議会（2021）「キャッシュレス・ロードマップ 2021」一般社団法人キャッシュレス推進協議会

キャッシュレス推進協議会（2022）「キャッシュレス・ロードマップ 2022」一般社団法人キャッシュレス推進協議会

キャッシュレス推進協議会（2023）「キャッシュレス・ロードマップ 2023」一般社団法人キャッシュレス推進協議会

経済産業省（2014）『平成 25 年度我が国経済社会の情報化・サービス化に係る基盤整備（米国におけるサービス産業等の IT 活用実態調査）調査報告書』

経済産業省（2018）『キャッシュレスビジョン』経済産業省商務・サービスグループ，消費・流通政策課

経済産業省（2020）『キャッシュレスの現状と意義』経済産業省商務・サービスグループ，キャッシュレス推進室

World Bank (2016) *'Payment aspects of financial inclusion' Committee on Payments and Market Infrastructures,* World Bank

World Bank (2017) *The Global Findex Database 2017-Measuring Financial Inclusion and the Fintech Revolution,* Washington DC

Cambridge Centre for Alternative Finance (2019) *THE ASEAN FINTECH ECOSYSTEM BENCHMARKING STUDY,* the University of Cambridge Judge Business School

WorldPay (2023) 'Global Payment Report 2023- Payment insights that drive growth' FIS

〈新聞〉

日本経済新聞「給与デジタル払い可能？」2018 年 6 月 30 日

日本経済新聞「中国の金融革新世界の実験場に」2018 年 7 月 13 日

日本経済新聞「次世代決済進化急ピッチ」2018 年 7 月 17 日

日本経済新聞「給与デジタル払い可能？」2018 年 8 月 3 日

日本経済新聞「通信と金融の融合 KDDI 金融に厚み」2019 年 2 月 13 日

日本経済新聞「ネオバンクと協調」2019 年 5 月 31 日

日本経済新聞「フィンテック次の挑戦へ」2019 年 6 月 26 日

日本経済新聞「給与デジタル払い遠のく」2019 年 7 月 17 日

日本経済新聞「ミャンマー，消えるバス送金」2019 年 7 月 24 日
日本経済新聞「金融の空白埋める知恵」2019 年 9 月 17 日
日経産業新聞「AI とスマートフォンで金融包摂」2019 年 8 月 14 日

第2章

小売業のキャッシュレス決済のメリットと課題と対応戦略

中　村　　　博

1. はじめに

　キャッシュレス決済比率を高めることは社会の経済成長を促進する重要な要因であるため各国ともキャッシュレス決済比率を高めようとしている．経済産業省の「キャッシュレス決済の店舗へのさらなる普及促進に向けた環境整備検討委員会」(2022) では，キャッシュレス決済比率を高めることの社会全体の経済効果についてキャッシュレス決済から得られる効果（売上拡大や現金コスト削減など）とコスト（キャッシュレス決済のインフラおよび事業コスト）を比較してシミュレーションをおこなっている．それによれば，キャッシュレス決済比率が70%に達すると，キャッシュレスの効果（約6兆円）がキャッシュレスのコスト（約4兆7,000億円）を上回り，1兆3,000億円の経済効果を生むと予測している．

　一方，わが国のキャッシュレス決済比率を先進国と比較（2020年）すると，韓国93.8%，中国83.0%，オーストラリア67.7%，イギリス63.9%，シンガポール60.4%，カナダ56.1%，アメリカ55.8%，フランス47.8%，スウェー

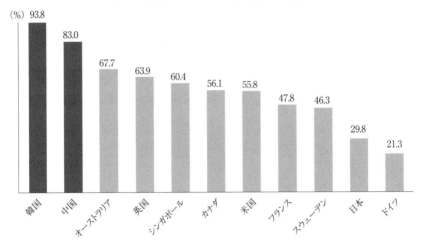

図1 国別キャッシュレス決済比率の比較

出所：世界銀行「Household final consumption expenditure（2020年（2021/12/16版））」，BIS「Redbook」の非現金手段による年間支払金額から算出（韓国，中国に関しては，Euromonitor Internationalより参考値として記載）

デン46.3％に対して日本は29.8％と低い傾向にある（図1）．キャッシュレス決済比率の成長率は毎年10％（キャッシュレス推進協議会 2022）と他国に比べると高いことが指摘されているが（2021年度は31.5％に達している），いかにこの成長率を維持し，キャッシュレス決済比率を他の先進国並みに高めるかが課題である．

　本章では，小売業の視点からキャッシュレス決済導入のメリットと課題について検討し，小売業の対応戦略について検討する．まず，小売業にとってのキャッシュレス決済のメリットについて，売上への寄与や買い物客のストレスの軽減，キャッシュレス決済によって得られる買い物客の購買履歴データのマーケティング活用，店舗オペレーションコストの削減，インバウンド需要にたいする対応について検討する．つぎに，キャッシュレス決済導入にともなう課題について検討する．具体的には，キャッシュレス決済による手数料の高さについて検討する．ついで，キャッシュレス決済事業者の多さ，オペレーションの煩雑さについて検討する．そして，これらの課題にたいす

図2 キャッシュレス決済比率の推移

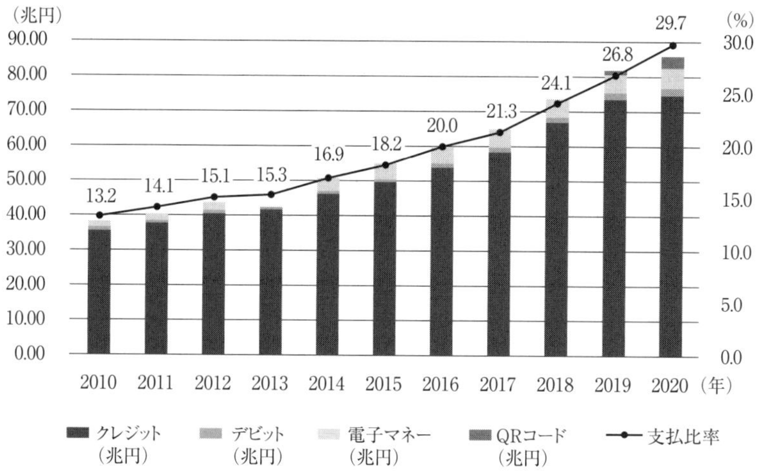

出所：経済産業省（2022）「キャッシュレス決済の中小店舗へのさらなる普及促進に向けた環境整備検討会とりまとめ」経済産業省商務・サービスグループ，キャッシュレス推進室（2022年3月）

る小売業の対応戦略について検討する．主としてキャッシュレス決済の手数料にたいする対応戦略やオムニチャネル戦略について検討する．

2. キャッシュレス決済の種類とシェアの傾向

まず，キャッシュレス決済の種類について確認しておく．キャッシュレス決済には，クレジットカード，デビットカード，電子マネー，コード決済がある．図2をみるとクレジットカードのシェアがもっとも高いがそのシェアは減少傾向である．また，電子マネーのシェアも減少傾向である．一方，PayPay，Line Pay，楽天Pay，d払い，メルペイ，au PAY，Alipay，WeCHAT Pay などのコード決済は増加傾向である．日本ではクレジットカードの歴史が古く，シェアも85％と高いので，この論文では主としてクレジットカードを考慮しながらメリットや課題について話を進める．

表1 キャッシュレス決済の種類とシェアおよびシェアの増減

(単位:％)

決済手段	キャッシュレス全体に占める割合			増減率	
	2020年	2021年	2022年	2021年	2022年
クレジットカード	86.8	85.3	84.5	8.8	15.8
デビットカード	2.5	2.8	2.9	2.5	19.3
電子マネー	7.0	6.3	5.5	-1.1	1.9
コード決済	3.7	5.6	7.1	66.3	50.3

原典:民間最終消費支出(名目),内閣府「国民経済計算(GDP統計)」
　　　クレジットカード:日本クレジット協会「クレジット関連統計」
　　　デビットカード:日本銀行「決済動向」
　　　電子マネー:日本銀行「決済動向」
　　　コード決済:キャッシュレス推進協議会「コード決済利用動向調査」
出所:キャッシュレス推進協議会(2023)「キャッシュレス・ロードマップ2023」

3. 小売業にとってのキャッシュレス決済のメリット

　キャッシュレス決済の導入についてはメリットとデメリットがあるが，まずは，小売業がキャッシュレス決済を導入するメリットについてまとめると主として以下の点が指摘できる(元木 2019)．

① 顧客の維持および買い物客の客単価の増加による売上増加
② 利便性の提供やレジの混雑解消による買い物客のストレス軽減による顧客体験価値の増加
③ 購買履歴データを活用したマーケティング施策への活用
④ 店舗オペレーションの簡素化によるコストの削減
⑤ インバウンド需要への対応

(1) キャッシュレス決済は来店客数および客単価を増加させる

　店舗の売上は，来店客数(レシート枚数)と客単価(レシート金額)の積である．また，来店客数は，顧客数と顧客の来店回数の積であり，客単価は購買商品数と単価の積である．

　つまり，

売上＝来店客数＊客単価＝（顧客数＊来店回数）＊（購入商品数＊単価）

であらわされる．キャッシュレス決済を導入することのメリットは，顧客数の維持と来店回数の増加および購買商品数の増加に寄与すると考えられる．とくに，中小規模事業者や百貨店にとっては，顧客数の維持と来店回数の維持や増加は重要である．中小規模事業者の場合は，キャッシュレス決済が導入されていないと競合する店舗で買い物されることあり機会損失が発生し，売上の減少につながる．また，家電や家具といった金額が大きい商品を購買する場合などは，もち合わせている現金が足りないと購買される機会を失ってしまう（堀田 2019）．そのため，とくに高額商品を取り扱っている店舗に関しては，キャッシュレス決済が導入されているかどうかで，購買する・購買しないの判断を下すケースも少なくない．

　客単価については，たとえば，①所有するクレジットカードが多いほど百貨店における1回あたりの購買金額は多くなる（Hirshman 1979）ことや，②レストランにおいてカードで支払う場合，チップが多くなる（Feinberg 1986）こと，また，クレジットカード所有者は，直近の買い物の金額を覚えていない傾向にある（Soman 1999）ことが指摘されている．マサチューセッツ工科大学が2001年に発表した買い物客の支払意欲に関する実験結果によると，クレジットカード決済は支出の現実味が薄れる心理的効果があり，そのため，クレジットカードを利用すると，自然と客単価が増加する傾向があることが実証されている．POPAI（アメリカのPOP協会）が1995年春に実施した調査（アメリカの14地域の28店舗（食品小売業）で2,300名から3万4,000商品の購買）では，クレジットカード決済をおこなう買い物客は現金決済の買い物客より4％ほど多く衝動購買をおこなう傾向があることを明らかにしている（Inman et al. 2009）．「欲しい商品があったけど，現金の持ち合わせがなかったので購入をあきらめた」ということになっては，機会損失となる．キャッシュレス決済を導入することは，来店客数の維持や買い物客の客単価を引き上げる効果が期待できる．

(2) レジの混雑解消による顧客体験価値の向上

キャッシュレス決済を導入すれば，現金を受け取り，お釣りを計算し，それらを用意し，手渡すという，一連の作業をおこなわなくてもよく，レジ作業の大幅な効率化を実現することが可能である．また，来店した買い物客のレジのストレスを減らすことで顧客満足度を向上させることが可能となる．

店舗で購買する買い物客の多くがレジで並ぶことは苦痛でもっともストレスを感じる．キャッシュレス決済は，現金の受け渡しなどによる支払いの時間短縮につながり，レジ待ちの時間が短縮され，買い物客のストレスが改善される可能性がある．図3はスーパーマーケットにおけるある買い物客の購買時および支払い時のストレス値の箱ひげ図である（箱の中心あたりが平均値で箱の上下の端が標準偏差となる）．0は調査前，1は売場を歩行しているとき，3は棚から商品をとり，棚に戻したとき，4は棚から商品をとり，カートに入れたとき，5はレジに並び支払いをおこなったときのそれぞれのストレス値である．図3からストレス値がもっとも高くなるのが5の支払い時で65％を

図3　買い物客の買い物時のストレス値（脳波）の推移

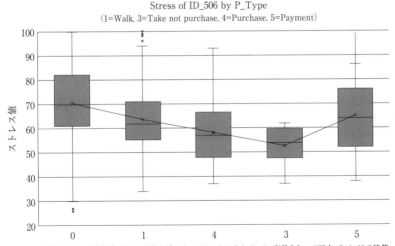

出所：中村博（2022a）「顧客体験価値と非計画購買」

超え，また，分散も上の方に大きい．一方，商品を購買しようとする3や4のときはストレス値の平均が60%以下に低下することがわかる．

今日，小売業にとって顧客体験価値が高まると当該小売業にたいするロイヤルティが高くなることが指摘されている（中村 2021）．顧客体験価値を高めるためには，ストレス値を下げ，楽しさの値を高めることが重要である．キャッシュレス決済はレジの待ち時間を短縮させ，レジでの支払いのストレス値を低下させる可能性がある．

とくに，スーパーマーケットのように混雑時にレジに行列ができると買い物客のストレスは高くなる．スーパーマーケットでは，スマホ決済によって，通常のレジ通過時間が90秒であるのにたいして20秒ですむことが報告されており，買い物客のストレスは逓減される可能性が高い．

(3) ID-POSデータ（購買履歴データ）の活用

キャッシュレス決済によって小売業は購買履歴データ，いわゆるID-POSデータを入手することが可能となり，買い物客に購買履歴にもとづいた商品やサービスのレコメンデーションやクーポンを配布するなどパーソナライズされたコミュニケーションが可能になる．とくに，自社カードを発行している小売業はID-POSデータが入手しやすく，カード会員へのコミュニケーションもしやすい．ID-POSデータによって顧客の購買行動が明らかになり，顧客のライフスタイルが類推でき，たとえば，カード会員の貸し倒れを予測することもできる．また，ネット通販のAmazonは顧客の購買履歴を協調フィルタリング・アルゴリズムのレコメンデーション・システムによって顧客が購買しそうな商品やサービスを推奨することで売上の40%を獲得している（マクナーニ，ゴフ 2013）．

(4) 店舗オペレーションの簡素化による人的コストの削減

キャッシュレス決済の導入によって店頭オペレーションや後方業務が簡素化され効率化できる．その結果，人件費などのコストを減少させることがで

きる．店舗運営における作業のなかでもっとも時間と労力を使っているのが現金管理である．キャッシュレス決済を導入すれば，現金管理が容易になり間違いも発生しにくい．また，QRコードや電子マネー決済あるいはデビットカードによるキャッシュレス決済は，その場で決済が完了する即時決済であり，キャッシュレス決済を利用することで代金未回収のリスクも低下する．

　たとえば，量販店ではレジの人件費が総人件費の約20％程度を占めるので，キャッシャーを必要としないキャッシュレスになると人件費を節約できる（中村 2022b）．たとえば，完全キャッシュレスの外食店舗は，通常の店舗は5名から6名程度で運営するが，注文や会計に充てるホール業務の省人化によって，1店舗あたりの従業員を1名から2名減らせる．コンビニエンス・ストアでも買い物客が自分のスマートフォンで商品のバーコードを読み取り，レジに並ばずにキャッシュレス決済ができるスマホ決済は，店舗作業の3割を占めるレジ業務の従業員の負担軽減につながり，商品の販促などにより多くの時間をさくことができる（日本経済新聞 2022年8月25日）．日本経済新聞は，飲食業の調査からスマホ決済アプリを導入している店舗の割合は2021年に平均57％だったが2023年に70％まで高まると予想している（日本経済新聞 2022年8月13日）．人手不足がつづく飲食店や小売業界にとってキャッシュレス決済は人手に頼らず，かつ，サービスを落とさずに店舗を運営することが可能である．

(5) インバウンド需要への対応

　百貨店や観光地の中小店舗において，キャッシュレス決済への観光客のニーズは高い．とくに，多くの観光客が予想される韓国や中国あるいは東南アジアでは自国でのキャッシュレス決済比率が高く，滞在費やお土産などをキャッシュレス決済で購買する．百貨店のキャッシュレス決済はインバウンドの決済が影響し増加した．とくにWeChat Pay，Alipayの導入は売上を増やした．コロナ禍ではあるが次第にインバウンドの人数も増加し，百貨店やドラッグストア，家電量販店および観光地における中小規模事業者などでのキャッシュ

レス決済は増加すると予想される.

4. キャッシュレス決済の店舗における課題

店舗におけるキャッシュレス決済の課題として大きく以下の点が指摘されている.
① キャッシュレス決済の手数料率の高さ
② キャッシュレス決済事業者数の多さ
③ キャッシュレス決済のオペレーション

(1) キャッシュレス決済の手数料率の高さ

キャッシュレス決済の手数料が平均3.2％と高い点については，とくに中小小売業にとってキャッシュレス決済の手数料は経営を圧迫するとの意見が多い．決済手数料の国際比較（キャッシュレス推進協議会 2022）をすると，欧州はおおむね2％未満であるのにたいし，アメリカ，カナダが2％台後半，3％超の日本は先進国のなかでは高い水準となっている．

公正取引委員会の資料では，クレジットカードの加盟店手数料率の分布は，

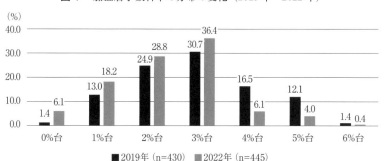

図4　加盟店手数料率の分布の変化（2019年－2022年）

出所：公正取引委員会「クレジットカードに関する取引実態調査報告書」（2019年3月）「クレジットカードの取引に関する実態調査報告書」（2022年4月）

0%台から5%台まであるが，もっとも多いのが3%台，次いで2%台，1%台とつづく（図4）．また，加盟店によって手数料率が異なることも指摘されており，キャッシュレス決済事業者の手数料率は加盟店の規模などによって異なる．

しかし，加盟店にとってキャッシュレス決済比率が増加すると，決済手数料率が経営を圧迫する要因になることは間違いない．経済産業省の調査[1]によると，中小規模事業者がキャッシュレス決済を導入しない理由として，①「現金のみでとくに困っていないから」（52.9%），②「決済手数料が高い」（49.0%），③「キャッシュレスを導入してもメリットが感じられないから」（28.2%），④「売上が入金されるまでに時間がかかるから」（22.3%）などがあげられ，手数料の高さがキャッシュレス決済を導入しない理由の1つとなっている（経済産業省 2022）．

しかし，①の現金決済で十分は消費者のキャッシュレス利用率が高まるにつれて中小規模事業者といえどもキャッシュレスに対応せざるをえなくなると考えられるが，②の決済手数料の高さや④売上の入金までの時間の長さについては，決済事業者の企業努力に負うところが大きい．さらに，③のキャッシュレスのメリットが感じられないについては，決済事業者が中小規模加盟店や大規模加盟店にキャッシュレスのメリットを啓蒙する工夫が必要となってくる．

経済産業省で議論されたコストイメージでは決済手数料3.25%のうちアクワイアラーからイシュアーに支払われるインターチェンジフィー（IRF）が2.3%を占める（図5）．IRFはクレジットカード決済時にアクワイアラーがイシュアーに支払う手数料を指す．これはイシュアーのカード会員へのポイント還元などカード会員つなぎ止めの原資であり，マーケティング費用である．残りのコストはネットワーク利用料や銀行振込手数料などである．ネットワーク利用については国内の決済代行企業であるNTTデータの決済システム「CAFIS」を使うケースが多い．「CAFIS」はクレジットカード会社と加盟店，金融機関をネットワークで結び，顧客の利用限度額や有効かどうかを数秒で照会できる．

図 5 クレジットカードの中小加盟店向けアクワイアリング事業のコスト構造（モデルケース）（オフアス，PSP 介在なし）

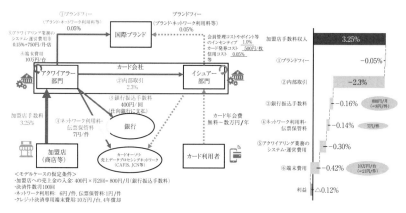

出所：経済産業省（2022）「キャッシュレス決済の中小加盟店へのさらなる普及促進に向けた環境整備検討会とりまとめ 概要」経済産業省商務・サービスグループ，キャッシュレス推進室（2022 年 3 月）

(2) キャッシュレス決済事業者数の多さ

　キャッシュレス事業は市場規模が拡大・成長しているのでクレジットカード，デビットカード，電子マネー，コード決済など多くの企業が参入しており，中小規模事業者の立場からはどのキャッシュレス事業者を選択したらよいかわからないということがある．クレジットカード事業者に加えてQRコード事業者や電子マネー事業者が多数いるので，レジですべて表示するとなると端末だらけになり，場所をとってしまったり，従業員の教育に手間がかかる．また，電子マネーやQRコードの導入については，個別契約であるため導入ごとに設定する面倒さや入金サイクルの管理に手間がかかるといった点も指摘されている．将来的にはキャッシュレス事業者の利益率の低さから淘汰が進むと考えられ，中小規模事業者はキャッシュレス事業者の将来性を考慮したうえで決済事業者を選択することになると予想される．

(3) キャッシュレス決済のオペレーション

　キャッシュレス決済事業者の多さが原因となり，オペレーションの煩雑さ

も指摘されており，キャッシュレス決済の効率的オペレーションの障害となっている．

① 資金化までのタイムラグ（資金繰り）

入金サイクルについてはキャッシュレス決済事業者各社でばらばらであり，事業者数が増えるにつれて入金サイクルのパターンも増え管理が大変となる．また，入金までのサイクルが長いと仕入れとの関連で資金繰りに影響が出る可能性がある．

② 端末設置のスペースや回線の設置（コスト）

店のカウンターのうえに利用できるキャッシュレス決済事業者を表示しているが，利用頻度の少ないキャッシュレス決済事業者の場合，従業員が慣れていないので処理に時間がかかる．また，端末の数も多くなりレジの仕事量が増加する．

③ キャッシュレス決済の学習（ITリテラシー）

キャッシュレス決済にたいする知識が不足し，レジの従業員の教育が必要となる

④ 売上伝票や入金伝票とクレジットカードとの連動（突合など）

クレジットカードの売上伝票は，新興事業者はオンラインで処理できるが，従来の事業者は，共同保管センターに送ることになっており手間がかかる．また，クレジット売上と入金明細の突合について，クレジット売上伝票の売上明細を，購入者ごとに，いつ，何の用途で，何処に送ったのかなどをPOSレジで管理しているが，決済事業者からの入金は顧客単位であり，それを媒体ごとに手数料も計算して管理しなければならず時間がかかる．

5. 小売業のキャッシュレス決済への対応

(1) キャッシュレス決済の手数料率の高さにたいする対応戦略

国際的にみて日本のキャッシュレス決済の手数料率は高いが，キャッシュ

レス決済の決済手数料率だけを問題にするのではなく，キャッシュレス決済の導入による売上増加や人件費の削減などの効果もあわせて考慮することが重要であるが，もっとも単純な方法は自社でクレジットカードを発行しアクワイアラーおよびイシュアーになることである．

　百貨店やスーパーマーケットなどの大手小売業のなかには手数料率を下げるために自社カードの発行をおこなう企業がある．自社でクレジットカードを発行すれば決済手数料を低く抑えることができるからである．たとえば百貨店の丸井は自社でクレジットカードのEPOSカードを発行している．また，スーパーマーケットはグループが発行するカードを利用することによって低い決済手数料率で運用することができる．イオングループが発行しているAEONカードはイオンリテール，カスミストア，マルエツ，マックスバリュなどイオングループの各チェーンで利用可能である．これらの企業は自社カードであるために，自社でアクワイアラーを担当しているので決済手数料を低くすることができる．

(2) クレジットカードを発行し戦略的に活用する百貨店のケース

　日本の主要小売業の成長をみるとネット通販およびドラッグストアの成長が高く，スーパーマーケットやコンビニエンスストアが成熟期を迎えている．一方，百貨店の売上は1995年ごろをピークに減少しつつある（根本 2022）．このようななかで成長をつづけている百貨店がある．その生き残り戦略はクレジットカードをみずから発行し，自店の支払いに利用してもらうだけでなく，他店でも利用してもらうことでアクアイアラーおよびイシュアーのビジネスモデルを社内に取り込んだことである．以下，そのケースを紹介する．

　① 生き残り戦略として若い世代をターゲットにカードの導入

　百貨店は中高年の顧客が多いが，この企業は若い世代をターゲットに集客を展開し成功した．また，百貨店として最初に自社のクレジットカードを発行した先発企業でもある．もともとクレジットカードのアクワイアラーとして自店の利用のためだけに発行していたが会員の離脱率が高く，他のカード

への乗り換えも多く発生していた．そこで，2000年代に他店で買い物をすることを可能にする汎用カードとして国際ブランドをつけた自社カードを展開した．自店で利用されると低い手数料率で運営できるし，他店で利用されると3%前後の手数料率を得ることができる．当初は思ったような利用のされ方をされず，利用金額の8割が自社で利用され他店での利用が2割だった．調べてみると若い世代は国際ブランドにたいする理解がないということがわかり，トップが「このクレジットカードは他店でも利用できます」と店頭で説明するよう号令をかけた．すると数年で他店での利用の比率が増加し現在にいたっている．当時は，退会も多いなかで自社カード会員をいかに多く増やすかということが狙いだったが，国際ブランドと提携することにより永年保有に変わった．

　他の百貨店が発行しているクレジットカードとのもっとも大きな違いは，展開しているカード会員の平均年齢が35歳と若いことである．若い世代の入会初期の決済金額は低いのだが，年齢を経るにつれ所得も増え，決済金額も増加し，買い物のカード利用額が増加していく．他の百貨店はキャッシュレス決済人数は伸びているものの，金額の伸びは鈍化している．団塊の世代が引退していくと少しずつ利用が減っていくためである．

　この百貨店のカードは若い世代がはじめてもつクレジットカードとして，年会費が無料で海外旅行傷害保険も無料で付帯しており，「お得感」を訴求している．もっとも伸びている要因は，入会してから1年以上，カードを「そこそこ」利用すると，年会費無料のゴールドカードのインビテーションが届くようになっていることである．ゴールドカードはポイントがたまりやすく，還元率も違う．また，空港のラウンジの利用もできる．このようなメリットでカード利用が増えメインカードになり利用額が伸びている．また，若い世代でも1枚もクレジットカードをもっていないというのは格好悪くて恥ずかしいという意識があり，支払いが大変になっても当社のカードだけは利用してくれる．結果としてデフォルト率は非常に低い．

　百貨店はスーパーマーケットと違い，接客という人が介在するので，早さ

を必要とする一部食品売り場以外，レジにかかる時間を短縮する必要はないからである．ただし，テナントは自前のレジをもち込み電子マネーやコード決済ができるようにしている．

②　カード会員の獲得戦略

百貨店の商品を販売する際にクレジットカード会員になってもらうのが販売員の役割で，販売員の評価に連動させている．カードを開始した当初は若年層の会員が入会していたが，若年層のアパレルにたいする関心の低下にともない，店頭からインターネット上でアフィリエイトフィーなどを払いながら入会を促進した．その際，カード比較サイトで年会費が無料でポイントがつくことや海外旅行傷害保険が付帯されているといったメリットを訴求している．また，アニメ事業にも力を入れ，アニメ配給会社と提携してイベントをおこなった際に入会を促している．

③　コード決済やプリペイド決済とのコラボレーション

コード決済や電子マネー決済は少額決済で成長している．たとえば，コンビニエンス・ストアではアプリを開くだけでコード決済ができる．タクシーや個人商店などで支払いが可能であり若い世代がよく利用している．以前はパパママストアや地方のタクシーなどは現金しか受けつけずクレジットカードも使うことができなかったところが使えるようになった．コード決済などのスマホ決済は銀行口座をメインに紐づけることが多いが，若年層は銀行口座に残高が少ないので銀行口座を紐づけても使えずこの企業のクレジットカードを紐づけて利用する．そうしてコード決済の利用が伸びると当社のカードの取扱いも伸びていく．プリペイド決済もクレジットカードでチャージすることができるので，利用金額は増加していく．また，現金で支払うよりキャッシュレス決済で支払うことがスマートであるという認識が若年層に浸透してきている．若年層はコンビニエンス・ストアのレジなどで並んで待つことに苦痛を感じるので，レジの待ち時間の短縮に電子マネーなどを使うことでキャッシュレス決済が増加するのである．

④　カードによる収益

　若年層はスマートフォンで動画をみたりゲームをしたりするのでスマートフォンにたいする依存度が高く支払金額も多い．スマートフォンの利用を止められると生きていけないので，リボルビング払い（以下リボ払い）を利用しながらスマートフォンの利用料金を支払いつづけている．若年層は銀行に残高が少ないなかで，クレジットカードを紐づけるが，支払いが多くなってしまうとその分をリボ払いに変更して，月々の支払いを2,3万円に抑えるなどしている．

　この企業のクレジットカードの収益はアクワイアラーとしての手数料収入とリボ払いやキャッシングの金利であるが，最近キャッシングは減少している．キャッシングは，飲食店やタクシーなどで不意の出費が現金のみの場合などに利用されていたが，コード決済やバーコード決済が使えるようになったので，現金で支払う必要がなくなってきた．そこで，あえてキャッシングする必要がなくなった．リボ払いはそれなりの金利であるがキャッシングよりはリボ払いを利用する者が多い．

　なお，この企業のカードはすべて1回払いで販売員が「1回払いでよろしいですか」や「分割払いですか」などという案内は一切しない．1回払いであれば顧客が分割払いやリボ払いに変更しやすい．一部高齢の会員を除いて顧客の多くはネットで申し込み，リボ払いに変更できるのでリボ払いは増加している．

⑤　キャッシュレス決済の手数料

　流通系のカード会社の多くは，親会社に依存しているケースが多く，親会社からカードの手数料を得る．この百貨店のカードは親会社がないので，自社内利用の手数料は低くポイント代プラスα程度である．また，年会費は無料なので，特典だけ利用する会員もいる．ただし，コスト削減のために5年の有効期限が到来して，過去1年間利用がない人には更新カードを送らないことにしている．そのため総会員数は現状維持である．

⑥　経営戦略としてのクレジットカード決済

　カードプログラムを開始してからしばらくは売上が低下したが，1年半後にカードの利用が自店および他店での利用も増加した．今日，百貨店は厳しい状況におかれているが，物販に頼っていることが大きな要因で，ユニクロや他の専門店に顧客を奪われている．この企業は物販とファイナンス部門の両方で利益を出しており，将来的には今の物販部門をファイナンス部門で補いながら，百貨店としてのビジネスを継続するという戦略である．この百貨店はカード事業部門の収益性が高いので，その収益を利用しながら百貨店の構造改革を進めている．たとえば，顧客がカードをマグネットなどに接触させて，磁気不良になっても店内ですぐに再発行したり，通常ゴールドカードのインビテーションは郵送だが，この企業はメールで通知し，来店したらすぐゴールドカードに切り替えることができる．今後とも百貨店内のテナントを増やすと同時に会員サービスや会員向けにアニメ・イベントなどをおこない店舗がカードの利便性の拠点となるようにする．自店で購買をしなくてもカードにたいして愛着をもっていれば手数料として利益が返ってくる．顧客のニーズにこたえ，さらに売上増加，店頭オペレーションの簡素化，後方業務の簡素化のためのツールとしてカードを捉えることによってクレジットカードにロイヤルティをもってもらうことでクレジットカードが百貨店の収益源となる．

(3)　小売業のオムニチャネル戦略とキャッシュレス決済の活用

　小売業は店舗の生産性や買い物客の利便性の向上に寄与するために中長期的視点からデジタル・トランスフォーメイション（以下DX）への投資を増やしている．なかでも無人店舗やネット通販，あるいは，実店舗とネット通販を融合したオムニチャネル戦略を展開する企業は増加していく．小売業はDX化が進展するなかでとくに，キャッシュレス決済によってはレジの人員の削減などによっての労働生産性や売上を増加させる．たとえば，売場でスマートフォンを使用して商品をスキャンし代金の決済をすれば，レジが不要になり

経費の削減につながる．その結果，労働生産性が向上する．さらには，レジが不要になり売場スペースを拡大することができたり，あるいは，買い物代金の精算が1か所に固定されないためにフロアレイアウトの自由度が増すことになる．

また，買い物客の立場では，スマートフォンなどによるキャッシュレス決済によってレジ精算を待つ時間が短くなり，買い物のストレスが減り顧客満足度の向上につながる．買い物客にとって買い物のストレスがもっとも高くなるのがレジの待ち時間であるからだ．

現在，展開されている店舗のオムニチャネル化についてみると表2のように分類される．

実店舗の無人店舗化は実用化にむけて展開されている．棚から飲料などをとって出口近くの決済エリアに立つだけで，スキャンなしで自動的に合計金

表2 店舗DXのタイプ

	リテイル・テクノロジー	代表的企業例	DXの概要
DX実店舗	スマートカート型無人店舗	Amazon Fresh, トライアル	カートのAIカメラで商品認識しスマホで決済，あるいはカートのセンサーで商品をスキャンし電子マネーで決済
	スマホスキャン型無人店舗	Parco, カスミ	来店した買い物客が売場でアプリをダウンロードしたスマホで商品をスキャンし決済
	AIカメラ型無人店舗	Amazon Go, Amazon Go Grocery	天井のAIカメラで商品認識，棚の重量センサーで購買認識，スマホで決済
	BOPIS（Buy Online Pickup In Store）	Walmart, カインズ	来店前に商品をネットで注文し決済，その後店舗やドライブスルーなどで商品を受け取る
	ショールーミング	丸井, Bonobos	店舗で商品を確認してネットで注文し宅配．店内在庫はなし
	ライブコマース	Alibaba, Walmart	店員が商品をネットで紹介して，買い物客が気に入れば来店して購買，あるいはネットで購買
ネット通販（ネットスーパー含む）	センター型	Amazon, Ocado	物流センター（フルフィルメントセンター）に商品を在庫し，ネットで注文・決済し宅配
	ストア型	フーマー, IYネットスーパー, Walmart	ネットで受注した商品を自社の所有する実店舗でピッキングし店舗から宅配
	テナント型	楽天, T-Mall(Alibaba)	プラットフォームにテナントとして出店し企業が受注・決済および宅配
	移動販売	とくし丸	実店舗が顧客の場所に車で移動しながら販売

出所：中村博（2022c）「オムニチャネル・ショッパーの拡大戦略とメーカーの商品戦略」中央大学アジアショッパーインサイト研究会第1回報告（2022年7月21日）

額が画面に表示され決済でき，人件費を半分に抑えられる無人店舗が実用段階に入りつつある．カメラやセンサーなどの導入費用が月額料金で使える設備が登場し，人件費を半分に抑え投資回収ができてきた．JR東日本の関連企業のTOUCH TO GOは天井のカメラや棚のセンサーから得たデータを独自のアルゴリズムで解析し，買い物客と商品の動きを追跡する．高輪ゲートウェイ駅などで目にすることができる．TOUCH TO GOのシステムをコンビニエンス・ストアも注目し，ファミリーマートはこのシステムを導入（現在6店舗）予定である．コンビニエンス・ストアは通常2名以上の従業員が必要であるが，このシステムを使えば商品補充などをになう1名だけで運営できるという．決済端末とカメラ，センサーに骨組みや棚をセットにし，組み立てるだけで内装工事なしで半日で導入できる．本体導入費は運搬・設備にかかる数十万円ですみ，利用料金は約7平方メートルの極小タイプで月20万円からと投資コストや運用コストも低い．通常は数千万円から1億円程度はかかる．また，現在展開されている無人店舗を含むDX店舗を分類したものが表2であるが，そのなかの無人店舗には下記のタイプがある．

① スマートカート型無人店舗

カートに商品をいれて，その場で決済をおこなう．決済は電子マネー型（トライアルが導入）とAmazon Freshが導入しているカメラによる商品認証と決済がある．

② スマホスキャン型無人店舗

買い物客が売場で商品のバーコードをスキャンし，スマートフォンにダウンロードされているキャッシュレスのアプリで決済が終了する．カスミストアが展開するスキャン＆Goやパルコなどで導入されている．

③ AIカメラ型無人店舗

店舗の天井にAIカメラが設置され，入店した買い物客のスマートフォンをトラッキングしながら，買い物客が商品をカートにいれると，カメラおよび重量センサーが商品を認識し，その場で決済がおこなわれる．Amazon Goなどが導入している．

一方，実店舗をもつ小売業はネットと実店舗を融合しながら，いわゆる「消費者の購買行動が時間と空間の制約から解放されて，多様なチャネルを通していつでも，どこでも，買い物やそれにかかわる情報収集が可能」(近藤 2019) となる以下のようなオムニチャネル戦略を加速させている．

④　BOPIS（Buy Online Pickup In Store）

来店前にネットで注文および決済を終了して，店頭で商品を受け取る仕組みで Walmart やカインズなどで導入されている．Walmart は主としてドライブスルーで受け取り，カインズでは店内に設置されているロッカーで送付された QR コードによって受け取る．

⑤　ショールーミング

店頭には在庫がなく見本の商品が陳列されており，買い物客は見本を確認（たとえば試着など）し，注文・決済し，自宅などで受け取るシステム．店舗は在庫をもつ必要がない点がメリットである．

⑥　ライブコマース

店舗の従業員がオンラインで商品などを紹介し，それをみた消費者が注文・決済をおこない店頭や，自宅などで受け取るシステム．

⑦　ネット通販（センター型）

ネットで商品の注文・決済をおこない，店舗が所有する物流センターから商品を自宅などへ配送する．初期投資はかかるが欠品などのリスクが少なくなる．Amazon やイギリスの Ocado が展開している．

⑧　ネット通販（ストア型）

ネットで商品の注文・決済をおこない，店舗で商品をピッキングし袋詰めして店舗から自宅などへ配送する．初期投資が低く実施容易性は高いが，欠品や店舗へのコスト負担や従業員の負担がかる．Walmart やイトーヨーカ堂のネットスーパーが該当する．

⑨　ネット通販（テナント型）

プラットフォーマーが運営するプラットフォームに店舗が出店し，各店舗で商品の注文・決済をおこない，店舗あるいはプラットフォーマーが所有する

物流センターから商品を自宅などへ配送する．プラットフォーマーは売上にたいして数パーセントの手数料を得る．楽天やAmazonのマーケットプレイスが該当する．

⑩　移動販売

車に商品を積載し各エリアを回りながら商品を販売する．店舗販売と同様にキャッシュレスあるいは現金で決済する．とくし丸などが展開している．

このように多くの企業が無人店舗やオムニチャネル・リテーリングを展開するにつれて，キャッシュレス決済が利用され，レジにかかわる人材は必要がなくなる．小売業はオムニチャネルの展開によって消費者の利便性を提供し顧客満足度を高めることができると同時に支払いにかかわるコストを減少させることができる．

6. おわりに

キャッシュレス決済の普及にともなう小売業の対応戦略について，小売業の視点からまとめる．

(1) 大手小売業の対応

大手小売業者は，すでにクレジットカードの導入によりキャッシュレス決済の基本的な仕組みができ上がっている．しかし，あらたにデビットカード，コード決済などを導入するためにはPOSシステムのインターフェイスを見直す必要などもあり，時間と費用が発生する．したがって，投資にみあうリターンがどれだけ得られるかが重要である．クレジットカードに加えてコード決済や電子マネーは次第に普及してくると予想され，インバウンド対応や若年層に対応した決済手段として導入する必要がある．もちろん，大手小売業にとってキャッシュレス決済の手数料や入金サイクルなども契約事項として重要な要素であり，個別交渉もおこないながら導入のメリットを総合的に勘案

していくべきである．

(2) 中小小売業の対応戦略

　一方，中小小売業にとってキャッシュレス決済の導入は手数料の負担が利益を圧迫するので慎重にならざるをえない．しかし，消費者のキャッシュレス決済の利用は年々増加しているのでキャッシュレス決済の導入は自明である．キャッシュレス決済を導入する場合は，客単価やサービス・商品特性などかぎられた要素から一般的にどのような決済手段を導入すれば良いのか検討し，端末など初期費用はどの位かかるのか，加盟店手数料はどの位か，入金までの期間はどの位かといったことを勘案して決済手段を選択していくことが重要である．

(3) 小売業と決済事業とのコラボレーション

　小売業はキャッシュレス決済の必要性や重要性を認識しながらも，まずは，手数料などの高さが問題である．とくに中小小売業に顕著である．決済事業の企業数は多く，競争環境は厳しいので，今後，決済手数料は低下していくと予想され，決済事業は手数料以外の収益源を求めることになる．

　一方，小売業は，キャッシュレス決済によって買い物客の購買履歴データが収集可能になり，そのデータをマーケティングに活用することが可能となる．しかし，小売業のみでこのビッグデータを分析してマーケティングに活用することはむずかしい．圧倒的に分析する人材や技術が不足しているからである．そこで，決済事業がもつデータ・サイエンティストの分析力を活用することが考えられる．小売業と決済事業が協力しながら買い物客によりよい買い物体験を提供をすることが可能になるのである．その結果，小売業は売場生産性を高めることが可能となり，決済事業はあらたなビジネスチャンスを獲得することができる．つまり，小売業と決済事業のWin–Winの関係が構築できる可能性がうまれるのである．

1) 実施期間：2021年11月，調査対象：従業員50人未満の小売業および宿泊・飲食サービス業など1,031企業（うち，キャッシュレス未導入企業206社）．

参 考 文 献

Feinberg, Richard A.（1986）"Credit Cards as Spending Facilitating Stimuli: Conditioning Interpretation", *Journal of Consumer Research*, 12. pp. 384-356

Hirshman, Elizabeth（1979）"Differences in Consumer Purchase Behavior by Credit Card Payment System", *Journal of Consumer Research* 6, pp. 58-66

堀田泰希（2019）「キャッシュレス決済の方が客単価はアップする」（『家電のリテールマーケティング』Vol. 19），2019年4月23日 https://www.bcnretail.com/market/detail/20190423_115405.html

Inman, J. Jeffrey, Winer, Russell S., Ferraro, Rosellina（2009）"The Interplay Among Category Characteristics, Customer Characteristics, and Customer Activities on In-Store Decision Making", *Journal of Marketing* Vol.73. pp. 19-29.

経済産業省（2022）「キャッシュレス決済の中小店舗へのさらなる普及促進に向けた環境整備検討会とりまとめ参考資料」47，経済産業省商務・サービスグループ，キャッシュレス推進室

近藤公彦（2019）『オムニチャネルと顧客戦略の現在』3，千倉書房

キャッシュレス推進協議会（2021）「キャッシュレス・ロードマップ2021」一般社団法人キャッシュレス推進協議会

キャッシュレス推進協議会（2022）「キャッシュレス・ロードマップ2022」一般社団法人キャッシュレス推進協議会

キャッシュレス推進協議会（2023）「キャッシュレス・ロードマップ2023」一般社団法人キャッシュレス推進協議会

元木秀章（2019）「キャッシュレス社会の進展と対応に向けた課題」（『徳島経済』2019 Autumn）

中村博（2021）「コロナ禍・DX下で成長する小売業の提供価値」（『流通情報』No. 550），4-17頁

中村博（2022a）「顧客体験価値と非計画購買」日本マーケティング学会ニューロマーケティングリサーチプロジェクト報告，2022年3月19日

中村博（2022b）「経営は人，組織も人で変わる」藤田元宏（USMH代表取締役）（『流通情報』No.555），59-67頁

中村博（2022c）「オムニチャネル・ショッパーの拡大戦略とメーカーの商品戦略」中央大学アジアショッパーインサイト研究会第1回報告，2022年7月21日

中村博，鈴木一正（2020）「コロナ禍で加速するネット通販」（『流通情報』No. 547），1-11頁

日本経済新聞「外食，客席でスマホ払い」2022年8月13日

日本経済新聞「スマホレジで生産性向上」（セブンイレブン・ジャパン社長永松文彦），

2022 年 8 月 25 日

根本重之（2022）「2022 年度チェーン小売業動向セミナー資料」（公）流通経済研究所，6 月 28 日

ポール・マクナーニ，ジョシュア・ゴフ（2013）「特集：ビッグデータが日本企業に迫るもの」『ダイヤモンドハーバードビジネスレビュー』(Feb 2013)，72-83 頁

Soman, Dilip（1999）*Effects of Payment Mechanism on Spending Behavior, The Illusion of Liquidity*, Working Paper, Hong Kong University of Science and Technology, Hong Kong

第3章

キャッシュレス社会のデジタル・マーケティング
――OMO とメタバースから考える――

三 浦 俊 彦

1. はじめに

　政策文化総合研究所のキャッシュレスにかかわるプロジェクトで，ヤンゴン（ミャンマー），上海（中国），ホーチミン（ベトナム）などに調査に行くなかで，現在のキャッシュレス社会において，どのようなデジタル・マーケティングが必要かがつねに研究課題の1つであった．

　そこで本章では，キャッシュレス社会を含むデジタル社会をどう捉えるかという基礎的検討のうえに，キャッシュレス社会のデジタル・マーケティングのあるべき姿について検討する．

2. キャッシュレス社会の基礎としてのデジタル社会
——モノ・事象からデジタルデータを分離した社会

(1) キャッシュレス社会とは何か

　キャッシュレス社会とは，キャッシュ（現金）を使わない社会であり，キャッシュの代わりにクレジットカード（日本における普及は1960年代〜），交通系・流通系電子マネー（Suicaは2001年〜，Pasmoは2007年〜），QRコード決済（PayPayは2018年〜）などを利用して決済をおこなう社会であり，現金信仰が強いといわれる日本でも徐々にキャッシュレス化が進み，2023年のキャッシュレス決済比率は39.3％（126.7兆円）となり（経済産業省HP 2024年3月29日），キャッシュレス社会になりつつある．

　ただ，キャッシュレス社会とは，決済のデジタル化（お金のデジタル化）の社会と捉えることができるが，デジタル社会では，それ以外にも，娯楽のデジタル化（CD・DVDからサブスク［サブスクリプション］への移行）や証明書のデジタル化（株券や定期券のペーパレス化など）があり，したがって，キャッシュレス社会とはデジタル社会の一部と考えられる（図1）．

　そこでまずデジタル社会の本質について，明らかにする．

図1　キャッシュレス社会とデジタル社会

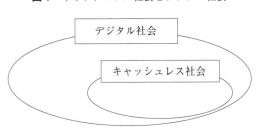

出所：三浦（2020）

(2) 定義とデータ化原理（三浦 2024）

　デジタル社会とは，「モノ・事象からデジタルデータを分離した社会であり，それらデジタルデータだけで管理する社会」といえる（三浦 2022；cf. 西川 2019）．現実の社会には，モノや事象などアナログなものが多いが，デジタル社会では，それらモノや事象をデジタルデータとして捉えて処理するのである．そこには，① モノのデジタルデータ化，② 事象のデジタルデータ化，という2つのデータ化原理がある．

　① モノのデジタルデータ化

　従来，商品はモノ部分とデジタルデータ部分が一体的に構成されていたが，デジタル社会では，モノからデジタルデータを分離して，そのデジタルデータだけを多様に処理する．この「モノのデジタルデータ化」には，モノ部分の価値の違いから，つぎの2つのタイプがある．

　1つは，「デジタルデータ部分のみ利用」であり，モノ部分の価値が高い一般の商品の場合である．CVS（コンビニエンスストア）に並んでいるチョコレートやビールは，モノ自体にデジタルデータ（価格，原材料，内容量など）が一体化しているが，Amazon などのネット小売ではモノを置かずに，チョコレートやビールのデジタルデータだけを提示して販売している．現物のモノを陳列する必要はなく，デジタルデータだけで取引できるので大変効率的である．

　もう1つは，「デジタルデータ部分以外捨象」であり，モノ部分の価値がほとんどない現金・株券，映画・音楽などの場合である．CVS の支払いは昔は紙幣／硬貨（モノとデータの一体化）が普通だったが，PayPay など QR コード決済や Pasmo など電子マネーでは，金額情報のデジタルデータだけで支払いをするし（＝キャッシュレス化），株券，生命保険証，定期券などは，そのデジタルデータ部分だけがネットやスマートフォンなどに保管される（＝ペーパーレス化）．映画，音楽，本・マンガなどのコンテンツ系は，モノ自体（紙・記憶媒体）に大きな価値がないので（CD や DVD のカバーイラスト程度），モノ自体はもたずに，デジタルデータ部分だけを購買してネットやスマートフォンに保存したり，サブスクのストリーミングサービスで視聴する．日本ではホテ

ルのチェックイン時に記帳するが，中国では16歳以上全員がもっている個人番号つき身分証（居民身分証；日本のマイナンバーカードのようなもの）を読み取り機にかざすだけで記帳の必要はなく（＝ペーパーレス化），デジタルデータだけで管理している．これらの例では，モノ部分（紙幣・硬貨，株券・生命保険証・定期券，CD・DVDなど）にほとんど価値がなく捨象することによって，デジタルデータだけで大変効率的な取引がおこなえる．

② 事象のデジタルデータ化

上でみた「モノのデジタルデータ化」がデジタル社会の大きな特徴であるが，もう1つ重要なのが，「事象のデジタルデータ化」である．つぎの2つのタイプがある．

1つは，「現実アナログ状況のデジタルデータ化」である．2019年の政策文化総合研究所のプロジェクトで中国・上海に企業調査におこなった際に，ある日本企業現地法人の中国人社員の方から聞いた話では，その社員の友人が車線変更禁止区間で車線変更をしたところ，2時間後にかれのスマートフォンに罰金メールが届いたそうである．車の運行状況というアナログ事象をカメラで撮影し，デジタルデータ化しているのである．そしてそのデジタルデータをAI処理して車のもち主の個人IDを特定することによって違反を瞬時に摘発する（中国では個人番号つき身分証にすべての情報が紐づけられている）．また，福岡のスーパーセンターのトライアルでは，広い売り場の天井に約1,500台のAI搭載カメラを吊り下げ，陳列棚の各商品を認識して欠品状況をリアルタイムで把握し，適切な商品補充をおこなっている（中野 2022）．陳列棚の商品の状況というアナログ事象を，AIカメラでデジタルデータ化し，そのデジタルデータをAI処理して，適切な補充のタイミングを指示する．これらはともに，現実アナログ事象（車運行状況・商品欠品状況）という膨大な事象を，デジタルデータ化して「見える化」しているといえる．

もう1つは，「現実アナログ体験の疑似デジタルデータ化」である．VRゴーグルを装着し，ジェットコースターに乗ったときにみえる景色を映像でみせることによって，自分がまさにいまジェットコースターに乗っているように

感じさせるサービスがある．これは1つ目のように現実アナログ事象（車運行状況・商品欠品状況）をデジタルデータ化したのではなく，デジタルデータ（ジェットコースターに乗ったときにみえるであろう景色の映像データ）を先に作成し，それをみせることによって現実アナログ体験（ジェットコースター乗車体験）を自分がしているのだと錯覚させるもので，現実アナログ体験の疑似デジタルデータ化といえる（実際のアナログ体験をデジタルデータ化したわけではないので，"疑似"を付している）．近年の流行りのメタバースなどもこれに近く，VRゴーグルを用いて観光地の街並みを歩ける旅行会社のプロモーションは，現実アナログ体験の疑似デジタルデータ化といえる．これらはともに，現実アナログ体験（ジェットコースター体験・観光地街並み体験）という個人的で感覚的なものを，デジタルデータ化して「見える化」しているといえる．

以上のように，デジタル社会とはモノ・事象からデジタルデータを分離した社会であり，それらは，データ処理の「効率化」とデータの「見える化」を社会にもたらすものと捉えられる（表1）．

表1　デジタル社会の2つのデータ化原理

① モノのデジタルデータ化：データ処理の「効率化」
①-1. デジタルデータ部分のみ利用
（例）ネット小売り
①-2. デジタルデータ部分以外捨象
（例）QRコード決済・電子マネー，株券・生命保険証・定期券，映画・音楽・本マンガ
② 事象のデジタルデータ化：データの「見える化」
②-1. 現実アナログ状況のデジタルデータ化
（例）中国の交通違反監視カメラ，トライアルの欠品確認カメラ
②-2. アナログ体験の疑似データ化
（例）VRゴーグルによるジェットコースター体験，観光地の街並み体験

出所：三浦（2024），67頁を一部修正

3. O2O マーケティングから OMO マーケティングへ

　上記のようにデジタル社会（含む；キャッシュレス社会）は捉えられるが，ポイントは，従来からのリアル（オフライン）にあらたにネット（オンライン）が対象として加わったことであり，したがって，従来からのリアルとあらたなネットをどのように統合的に管理するかが，デジタル・マーケティングの核心になると考えられる．

　そこで，以下では，そのような課題を解決するものとしてまず登場したO2Oの考え方（それにもとづくマーケティングがO2Oマーケティング）と，近年脚光を浴びているOMOの考え方（それにもとづくマーケティングがOMOマーケティング）について，検討する．

(1) O2O と O2O マーケティング

① 基本的考え方

　リアル（オフライン）とネット（オンライン）をどう関係づけるかについて，まず登場したのが，O2Oという考え方であった．O2Oとは，Online to Offlineの略で，オンラインとオフラインをつなげるという考え方であり，代表的な手法が，オンライン上でクーポンを配布し，オフラインの実店舗に送客するというものである．

② O2O の歴史

　O2Oという用語が使われるようになったのは2011年ごろからといわれ（松浦 2014），背景にはスマートフォンとSNSの普及がある（2011年のスマートフォン普及率は21.1％；NTTドコモ モバイル社会研究所 2023）．ただ，オンライン（ネット）とオフライン（店舗）をつなげるという発想は，1995年Windows95以降のインターネット社会のなかで主張されてきた考え方で，初期の代表例としては，1996年サービス開始の「ぐるなび」がある．同社サイトで飲食店を予約すると，店舗割引クーポンが得られることから，ネットからリアル店舗へ

の送客の道筋をつけ，その後，ホットペッパーや食べログなど多くの追随者が出て定番の戦略となった．さらに2004年からはじまったおサイフケータイ（携帯電話に埋め込んだFelicaチップによる非接触型少額決済サービス）はモバイル決済の世界第1号であり（房，徳岡 2021），O2Oの戦略の幅を広げた．その後のモバイル決済で代表的なのが，2008年に日本マクドナルドが導入した「かざすクーポン」で，同社のかざすクーポンアプリを携帯にダウンロードすると，サーバーからクーポンが複数送信され，消費者が選んだクーポンを店頭のリーダーライターにかざすと，注文・決済が完了する．顧客の購買履歴が完全に把握できるので，同社はCRM（顧客関係管理）の仕組みも導入し，顧客の好みに対応したクーポンやキャンペーンの提案，購買回数に応じたサービスの提供などをおこなった．

　このような流れを加速させ，O2Oという用語を普及させたのが，スマートフォンとSNSの普及であり，SNSでいえば，LINEの存在が大きい．2011年にサービス開始したLINEは，ディスプレイデザインなどスマートフォンに特化した戦略をとり，それまでのキャリアメール（移動体通信事業者が提供する電子メールサービス；「@docomo.ne.jp」など）によるコミュニケーションというスタイルを大きく変え，O2Oの戦略をさらに広げた．LINEに公式アカウントを開設した企業は，友だち登録してくれた一般消費者にたいし，メッセージやクーポンなどの販促情報を配信する．このようにLINEによって大企業でなくともO2O戦略がとれるようになったが，近年は，スマートフォン向けの自社アプリについても，安価なASP（アプリケーション・サービス・プロバイダー）といわれる企業が多数出現し，中小企業でも自社アプリを簡単に作れるようになった．

　こうして常時携帯するスマートフォンのなかにあるLINE公式アカウントや自社アプリから，プッシュ通知（ユーザーの要求なしに企業から情報を配信すること）で，店舗におけるタイムセール実施やハッピーアワー（おもに酒類を提供する飲食店がおこなう平日夕方の割引戦略）の告知などが，タイムリーにおこなえるようになった．またジオフェンシング広告（スマートフォンのGPSや

Wi-Fi などからユーザーの位置情報をリアルタイムに検知し，特定のエリア［ジオフェンス］に入ったユーザーに広告配信）をおこなったり，特定のエリアや店舗にビーコン（定期的に周囲に電波などを発する装置）を設置して電波受信範囲に入ったユーザーのスマートフォンにプッシュ通知などをおこなえば，地理的にもタイミングよく情報発信できる．このように，スマートフォンと SNS の普及によって，O2O が時間的にも地理的にも的確におこなえるようになっている．

③　O2O を超える OMO

上でみたように，O2O はオンライン（ネット）とオフライン（店舗）をつなげる戦略であるが，そこには，オンラインとオフラインを別物と捉える基本発想があると考えられる．O2O 戦略を展開する企業の視点から考えると，従来のオフラインチャネルに加え，あらたにオンラインチャネルが生まれたので，チャネルごとに異なる管理原則の戦略構築をおこないつつ，両者をつなげる相乗効果をめざして O2O 戦略がはじまったといえる．

一方，OMO では，オンラインとオフラインを別物と捉えない．オンラインがオフラインを merge（合併／融合する）という言葉のとおり，オンラインが主となってオフラインを取り込んでいる．上にみたように，消費者の購買や移動その他のオフライン行動の多くがオンライン上でデジタルデータ化されている現在，それらデジタルデータを個人 ID と結びつけてオンライン上で管理することによって，オンラインデータに紐づくオフラインでの消費者行動までをも管理できるのである．消費者視点から考えても，現在のデジタル・コンシューマーの消費者行動をみると，オンラインとオフラインを分けているとは思えない．そのときどきで，もっとも便利で，もっとも満足度の高い方法（オンライン／オフライン）を選んでいると考えられ，その意味でも，OMO の大いなる可能性を感じさせる．

オンラインとオフラインを別物と捉え，両者をつなげた O2O から，オンラインとオフラインを別物と捉えず，オンラインのなかにオフラインを取り込む OMO への戦略革新といえる．企業視点から，消費者視点へのデジタル・マーケティングの革新ということもできる．

つづいて，O2O を超える OMO と，そのマーケティング実践としての OMO マーケティングについて検討する．

(2) OMO と OMO マーケティング
① 定義

OMO（Online merges with Offline）とは，Google チャイナの元 CEO 李開復が 2017 年に提唱した言葉で，「オンラインとオフラインが融合し，オンラインがオフラインを取り込む世界」のことである（藤井，尾原 2019）．購買のキャッシュレス化で購入履歴データが個人 ID と結びつき，電車などでのモバイル決済で移動履歴データが個人 ID と結びつき，消費者の多様なオフライン行動（購買，移動，その他）がオンラインデータ化されて個人 ID と紐づくことによって，消費者行動のオフラインの全体像が個人 ID とオンラインデータによって把握可能な状況となっている．つまり，オフラインの点とオンラインの点をつなげた O2O の考え方から，オフラインの点・線・面の全体をオンラインに取り込み管理するというのが OMO の発想なのである．デジタル化の進展がその背景にあるのはいうまでもない．

したがって，OMO マーケティングとは，「OMO の考え方にもとづくオンライン主導のマーケティング」のことであり，今日のデジタル社会に不可欠なマーケティングである．マーケティングとは，「顧客にたいして価値ある提供物を創造・伝達・配送・交換する活動」であるが（cf. AMA［アメリカ・マーケティング学会］の定義：2007 年策定），ターゲットである「顧客」がデジタル・コンシューマーに革新している現在，顧客のオフライン行動（リアル）だけでなく，顧客のオンライン行動（ネット）も把握できなければ適切なマーケティングはおこなえず，したがって，OMO の考え方にもとづき，顧客のオフラインの行動をオンラインの行動のなかに取り込み統合管理することが必要で，そのような顧客（消費者）理解にもとづくマーケティングが，OMO マーケティングなのである．

② 戦略事例：ビットオート

OMO マーケティングの１つの事例として，中国有数の自動車オンライン媒体ビットオート社の戦略がある（藤井，尾原 2019）．

同社は，単なる情報提供メディアではなく，顧客の免許取得→車購入→使用→売却→購入……という顧客のカーライフサイクルを，データですべて明らかにし，顧客中心のカーライフの提供を目的にしている．そのために，免許，保険，給油，洗車，パーキングからドライブ歴の記録アプリまでのサービスに投資・提携をして，カーライフに関するエコシステム（ビジネス生態系）を作っている．車に関する長期的なカスタマー・ジャーニー（リアル／ネット）の分析を基礎に，多様な顧客接点にかかわる製品・サービスの企業を組み合わせ，多様な顧客接点データを UX（ユーザーエクスペリエンス；顧客体験）の向上に活かすため，自社および提携企業が改善ループを高速で回すシステムを構築している．

一見，日本企業でも同様な取り組みはありそうだが，違いは，a. 顧客行動の全体把握，b. リアルタイムでの UX 向上，である．

a. 顧客行動の全体把握とは，購入のタッチポイントだけ，給油のタッチポイントだけにもとづく O2O 戦略をとるのではなく，免許取得→車購入→使用→売却→購入……という顧客のオフライン行動の全体像をオンラインデータとして取り込んで把握し，リアル／ネットを含めた顧客行動の全体像（カスタマー・ジャーニー）を把握していることである．

b. リアルタイムでの UX 向上とは，複数のタッチポイントで得たデータを UX と製品向上にすぐに活かすことである．つまり，顧客データの取得と（データを用いた）UX と製品向上を，リアルタイムでおこなえているかがポイントなのである．

ビットオートの背後にはアメリカテスラの競合といわれる中国 EV メーカーの NIO（上海蔚来汽車）がいる（社長はともにウィリアム・リー）．その意味では，NIO の裏側にはビットオートのカーライフ経済圏すべてのデータを活用できるエコシステムがあるのであり，NIO も（顧客のカーライフサイクル／カスタ

マージャーニーのデータにもとづく）OMO マーケティングを展開していくことが可能である．

③　OMO マーケティングの成否を決するエコシステム理解

OMO マーケティングを展開していくためには，顧客起点のエコシステムの把握が不可欠である．

［エコシステムとは何か］

エコシステム（生態系）とは，生物学の一分野である生態学の言葉で，食物連鎖など生物間の相互関係に加え取り巻く環境との相互関係も含めて１つのシステムとして捉える概念で，ビジネスで用いる場合，複数企業の依存関係・協調関係や取り巻く消費者などとの相互関係を１つのシステムとして捉える考え方で，エコシステムの確立をめざす戦略が提案される．

エコシステムの議論が盛んになっている背景には，デジタルデータの充実がある．企業間連携については，従来からバリューチェーンという考え方があり（Porter 1985），各業界において，部品／原材料メーカー→完成品メーカー→卸→小売→消費者という顧客価値（バリュー）向上の最適な流れをいかに構築するかという議論がなされてきたが，センサーや IoT，ネットによる情報提供やモバイル決済の進展によるデータ基盤の充実によって，ソフト設計企業や物流企業，金融機関や広告代理店等々も含む，業界を超えたより大きなエコシステム（ビジネス生態系）の議論ができるるようになったのである．

ここで，マーケティング視点から重要なのが，顧客起点のエコシステムである．たとえば，自動車メーカーの視点からエコシステムを考えると，部品／原材料メーカーとの関係を構築することは重要であるが，顧客視点からエコシステムを考えるとあまり重要でない．顧客視点からは，むしろガソリンスタンドとの関係，駐車場や修理会社との関係や交通情報提供サイトとの関係の方がはるかに重要であり，それが顧客起点のエコシステムである（前者をプロダクション・エコシステム，後者をコンサンプション・エコシステムと命名している論者もいる；cf. Mohan 2022）．

4. メタバースとメタバース・マーケティング

　現代のデジタル・コンシューマーはネット（オンライン）とリアル（オフライン）を自由に行き来しているので，企業側は，両者をオンラインのもとに融合するOMOマーケティングを展開する必要があるが，実は，現代のデジタル・コンシューマーはもう1つ活動の時空間をもっている．それがメタバースである．

　したがって，企業としてはOMOマーケティングを展開するとともに，そこにメタバースの消費者行動も取り込んだマーケティング（メタバース・マーケティング）を展開していく必要があるので，最後に，メタバースにおける消費者行動や企業戦略を検討し，そこでのキャッシュレスの意味について考える．

(1) メタバースとは
① 定義

　メタバース（metaverse）とは，meta（超越した）とuniverse（世界）の複合語で，インターネット上に構築された仮想空間のことであり，「多人数が同時にオンラインで社会的活動が可能な3Dバーチャル空間」と定義される（雨宮 2023）．ユーザー（消費者）はアバター（分身）などを介して入り，他のユーザーとコミュニケーションなどの社会的活動が可能である．消費者にとっては，これまでを超えたあらたな世界（universe）と感じ取れるものである．

　N. スティーブンス著のSF小説『スノウ・クラッシュ』（1992年）における仮想空間サービスの名称として「メタバース」がはじめて登場し（作中でメタバース内でユーザーの分身となるキャラクターをアバターと呼称），その後，仮想空間サービスの総称や仮想空間自体の名称としておもに英語圏で用いられるようになった．そして，2021年，Facebook創業者のマーク・ザッカーバーグが「ソーシャルメディアの会社からメタバースの会社になる」と宣言し，社名をMeta platformsに変更すると発表したのを機に，日本でも「メタバース」

がメディアを賑わせた．

② 基礎としてのVR（バーチャル・リアリティ）

メタバースを理解するうえで，その基幹技術としてのVR（バーチャル・リアリティ；仮想現実）を理解することは重要である．VRとは，「見かけや形は現物そのものではないが，本質的あるいは効果としては現実であり現物であること」と定義される（日本VR学会の定義）．その特徴としては，a.三次元の空間性，b.実時間の相互作用性，c.自己投射性の3つがある（雨宮 2023）．すなわち，VRゴーグルでの体験のようにVRが三次元で感じられ（a），VR空間でドアを押せばドアが開くような相互作用的な時間間隔をもて（b），自分がVR空間内に入り込んでいる感覚をもてるのである（c）．このようにVRとは，ネット空間内において現実であるかのように疑似体験できる仕組みのことであり，現在，コンピュータゲーム，eスポーツ，メタバースなどに利用されている．VRは，メタバースを考えるうえでの基礎概念といえる．

③ メタバースの歴史と事例

1990年代の第1次VRブームの失速の後，通信回線や機器をはじめとする処理能力の向上を受けて，2010年代に第2次VRブームが花開いたが，これらVRを基幹技術とするメタバースも，似たような発展の歴史をみせている．

セカンドライフ

最初にメタバース的なサービスが注目されたのは，アメリカリンデンラボ社による2003年のセカンドライフ（Second Life）である．セカンドライフは，3DCGで構成されたネット上の仮想世界であり，アカウントを取得してアバターとしてセカンドライフに入れば，現実世界のように，他のアバターとコミュニケーションしたり，服や車を買ったり，コンサートにおこなったり，大学の授業を受けたり，土地さえも購入できる．製品・サービスの購入の際に使用する通貨は，仮想世界のメタバースなので当然キャッシュは利用できず，米ドルと交換可能なリンデンドルを購入して使うことになっており，まさにキャッシュレスである．

サービス開始から3年経った2006年ごろから大ブームになり，ユーザー数も一時100万人を超え，企業としてはデルコンピュータやReebok，またクリスチャン・ディオールなどが出店した．日本企業も，日産や東芝EMI，ブックオフやパルコシティなどが出店した．日本では2007年初頭より経済誌などで大きく取り上げられ，多くの企業がセカンドライフに参入し，プロモーションや販促活動をおこなうなど，1つのブームとなったが，翌2008年以降，マーケティング効果を上げられなかった企業が撤退し，ブームは一過性で終焉した．

ブームが終わった理由は，PCの画像処理能力や通信回線の性能に限界があったことが考えられるが，この点に関しては，当時はまだスマートフォンが普及していなかった点も大きい．スマートフォンがないため，セカンドライフに参加する手段は自宅などのPCで，ユーザーはマウスとキーボードを駆使してアバターを操ったが，操作性は高くなく普及の障害になったと考えられる．これら機器の問題もあり，当時の消費者が仮想空間というものに慣れていなかった点も大きかったと考えられる．

オンラインゲーム；MMORPGとサンドボックスゲーム

　MMORPGと呼ばれるオンラインゲームもメタバース的な仮想空間を提供している．MMORPG (Massively Multiplayer Online Role-Playing Game) とは，ネットを介して数百人〜数千人規模のプレイヤーが自身のアバターで同時に参加できるオンラインゲームであり，現実世界のように，複数のプレイヤー同士で協力や妨害をし合い，コミュニケーションをとりながらプレイできる．従来型RPGとの大きな違いは，仲間や敵がNPC (non-player-character；自動プログラム) でなく，意思をもった人間が操作している点であり，1997年発売のエレクトロニック・アーツ社の『ウルティマオンライン』が世界ではじめてMMORPGとして商業的に成功したといわれる．同ソフトでは，広大なワールドマップ，スキル制の成長システム，ハウジング，ギルドなど，現在のMMORPGなどさまざまなオンラインゲームの基本要素を備えており，以降のオンラインゲームに多大な影響を与えた．

2005年以降，国産のMMORPGタイトルが誕生するようになり，2010年代にはさらに進み，『ファイナルファンタジーXIV（FF14）』（スクウェア・エニックス；2013年PS3版），『ファンタシースターオンライン2』（セガ；2013年PS Vita版），『ドラゴンクエストXオンライン』（スクウェア・エニックス；2012年Nintendo Wii版）などが登場した．FF14は現在でも人気のMMORPGであり，MMO Populationという集計サイトによると，2023年4月時点のプレイヤー登録数は4,171万7,602人，アクティブプレイヤー数は158万5,269人である（ブログサイト「FF14を歩こう！」）．さらに近年のスマートフォンの普及にともない，スマートフォン用タイトルも続々と登場しており，『リネージュ2 レボリューション』（ネットマーブル；2016年），『ソードアート・オンライン インテグラル・ファクター』（バンダイナムコエンターテインメント；2017年），『メイプルストーリーM』（ネクソン；2019年），『ラグナロクマスターズ』（ガンホー・オンライン・エンターテイメント；2019年）などがある．このように2010年代以降，オンラインゲームがPC版やゲーム機版，さらにスマートフォン版として陸続と登場し，若い世代を中心に普及した．かれら／かのじょらは仮想世界慣れした層といえ，「Digital Navive」ならぬ「Metaverse Native」が誕生したと捉えられる．

サンドボックスゲームと呼ばれるオンラインゲームもメタバース的な仮想空間を提供している．サンドボックス（sandbox）とは英語で砂場の意味で，砂場で遊ぶ場合に遊び方が自由なように，サンドボックスゲームでは，固定の目的やタスクは与えられず，クリアを目指すこともなく，提供された世界のなかで，都市や村を構築したり自由に行動するタイプのゲームのことである．代表的なものとして，『マインクラフト』（2011年）や『あつまれ どうぶつの森』（任天堂；2020年Nintendo Switch版）などがある．「マインクラフト」は，ブロックだけで構成された無限の陸海空の世界のなかで，建物を建てたりモンスターを倒したりすることができるゲームで，他のユーザーとコミュニケーションもできる．「集まれどうぶつの森」（略称：あつ森）は，無人島に家などの生活環境をつくって，友人や周囲の人と交流することを楽しむゲー

ムで，発売とともに，新型コロナの感染拡大もあり，大人気になった．「あつ森」では，服や家具のデザインを好きなものに変更できる「マイデザイン」という機能があり，フェイスペイントとして顔につけたり，絵として壁に飾ったりすることもできる．ユーザー同士で自慢のファッションや部屋の内装デザインを発信し合うのも楽しみの1つで，そのようなニーズに応えるかたちで，伊ヴァレンチノや仏ジバンシィが参入し，また日本ハムは「シャウエッセン」のデザインをあしらった衣服などを配布した．このように「あつ森」は，「セカンドライフ」の現代版ともいえるものであり，これらサンドボックスゲームはメタバースの1つのかたちをしめしている．

　これらMMORPGやサンドボックスゲームをはじめとするオンラインゲームの課金は，オンラインの世界であるので当然キャッシュは使えず，電子マネーやQRコード決済などのキャッシュレスになっている．ゲームの課金については，最初は無料（フリー）で，割増金（プレミアム）を払えばアイテムなどを購入して遊べる「フリーミアム」というビジネスモデルが2000年前後に韓国を中心に考案され，それまでのサブスクリプション型に代わり，いまや一般的な課金スタイルになっている（たとえば，2016年サービス提供開始の「Pokémon GO」もフリーミアム型）．

(2) メタバース・マーケティングとは

① 定義

　メタバース・マーケティングとは，「メタバースを利用したマーケティング」のことであり，今日のデジタル社会に不可欠なマーケティングである．マーケティングのターゲットである「顧客」がデジタル・コンシューマーに革新し，リアル行動に紐づいたデジタル行動だけでなく，必ずしもリアル行動に紐づかないメタバースというあらたなデジタル仮想空間においても消費者行動をおこなうようになっており，メタバース・マーケティングは喫緊の課題となっている．

② メタバースのビジネス利用の4分類

うえでみたように多様な発展をみせているメタバースであるが，雨宮（2023）によると，それらは，図2のように，「異世界／ファンタジー⇔ミラーワールド」という縦軸と，「ヒト中心ソーシャル⇔モノ中心シミュレーション」という横軸を掛け合わせた2×2の4分類のマップ上にあらわせるという．

縦軸（異世界／ファンタジー⇔ミラーワールド）は，現実世界と離れたもの（異世界／ファンタジー）か，現実世界を仮想空間に写したもの（ミラーワールド）か，という軸である．上にみたオンラインゲームなどの「エンターテインメント」は異世界／ファンタジーの代表であり，「デジタルツイン」（現実世界から収集したデータにもとづき，双子であるかのようにコンピュータ上で再現する技術；自然や建物，道路や人・車などのあらゆるデータを集約し，国全体をデジタルツイン化して「バーチャルシンガポール」をつくったシンガポール政府，など）は，ミラーワールドの代表である．一方，横軸（ヒト中心ソーシャル⇔モノ中心シミュレーション）は，アバターなどによるヒト（参加者）のコミュニケーションなどのソーシャル活動をめざしたものか，モノ中心でそれらモノの効果的・効率的運用をシミュレーションをおこないながらめざすものか，という軸である．

図2　メタバースの4分類

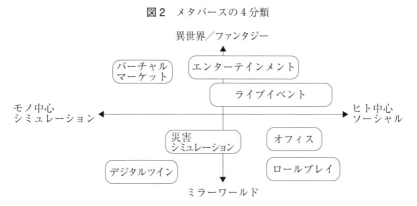

出所：雨宮（2023），157頁

ヒト中心ソーシャルについては，異世界の「エンターテインメント」や「ライブイベント」だけでなく，現実世界の写しであるミラーワールドにおいて，「オフィス」をメタバース上に構成し，リアルの職場に代替する社員のコミュニケーションや仕事遂行をおこなうものがある．それにたいして，モノ中心シミュレーションについては，災害時の避難をメタバース上に再現してシミュレーションで最適避難を確かめる「災害シミュレーション」や，2020年の鹿島建設によるオービック御堂筋ビルの新築工事で，企画設計からはじまる全フェーズにおいてビル内外を「デジタルツイン」化して進捗管理をおこない，高品質な工事を実現した例がある．

メタバース・マーケティングの提供価値

　以上でみたように，メタバースのビジネス利用として，a.ヒト中心ソーシャルとb.モノ中心シミュレーションの2つがあるが，b.が生産管理などモノづくりに効果を発揮するものである一方，a.は消費者にあらたな価値を提供するものと考えられ，したがって，メタバース・マーケティングにおいては，図2右側の「ヒト中心ソーシャル」の部分が，上部の「異世界／ファンタジー」も下部の「ミラーワールド」も，重要な活動領域と考えられる．第4象限（右下：ヒト中心ソーシャル×ミラーワールド）がOMOマーケティングの活動領域に近い一方，第1象限（右上：ヒト中心ソーシャル×異世界／ファンタジー）はOMOマーケティングで対応していなかった部分であり，したがって，とくにこの第1象限が，メタバース・マーケティングでは重要な領域と考えられる．

　第1および第4象限を対象とするメタバース・マーケティングが，現代のデジタル・コンシューマーに与える価値は，a.時空を超える，b.意識を超える，の2つと考えられる（cf.雨宮2023）．a.については，デジタル・コンシューマーの特徴の1つとしてユビキタス消費をあげているように（三浦2022），インターネット時代に消費者が享受する価値となっており，メタバースでも当然享受できるが，b.という価値は，メタバース・マーケティングの特徴であ

り，アバターによる参加によるものである．すなわち，メタバースでは，自分の分身としてのアバターを自由に設定・変更可能であるために，自分とはみた目も違い，ときに性別や性格まで異なるアバターでメタバースに参加することによって，リアル世界の人格や意識を超える可能性があり，そこにビジネスチャンスも含めた大いなる可能性がある．

メタバースとキャッシュレス

　図2のように，メタバースは4分類されるが，いずれの象限においても取引が生ずる場合は，すべてキャッシュレス（電子マネーなどによる取引）である．とくに図上部の異世界／ファンタジーにおいては，第1象限の「エンターテインメント」や「ライブイベント」での取引はキャッシュレスでおこなわれ，第2象限の「バーチャルマーケット」における商品・サービスの取引もキャッシュレスでおこなわれる．一方，図下部のミラーワールドでは，第3象限の「災害シミュレーション」や「デジタルツイン」を用いた設計・運営支援などでは取引が発生せず，したがって，キャッシュレス以前の話である．同様に，第4象限の「オフィス」や「ロールプレイ」でも取引が発生しない場合もあり，その場合はキャッシャレス以前の話になる．もちろんこれら第3象限・第4象限にかかわるメタバース技術を用いて取引することは可能であり，その際の取引はキャッシュレスとなる．

5．おわりに――デジタル社会とキャッシュレス化

　最初の定義でみたように，デジタル社会とは，「モノ・事象からデジタルデータを分離し，それらデジタルデータだけで管理する社会」であり，したがって，キャッシュ（現金）もモノ部分（紙幣・硬貨）は分離・捨象されデジタルデータ（金額情報）部分だけで管理されるので，デジタル社会での取引は，すべてキャッシュレスが基本となる．

ただ，デジタル社会では，証明書のデジタル化（＝ペーパーレス化）や娯楽のデジタル化（＝［CD や DVD などの］メディアレス化）などもあり，キャッシュレス化もデジタル社会の一部であり，他の現象との関係もさらに研究を進めていく必要がある．

いずれにせよ，デジタル社会における取引はすべてキャッシュレスになるので，デジタル社会におけるキャッシュレスにかかわるつぎの課題は，誰が／どの企業が，デジタル社会のキャッシュレスをになうのかということになる．クレジットカード，交通系・流通系電子マネー，QR コード決済など，キャッシュレス機能をはたす企業は多様に存在するが，それらのなかで覇権を獲得する企業は誰かということである．おそらく決め手は，当該キャッシュレスの使い勝手の良さはいうまでもないが，コンサンプション・エコシステムや OMO がいわれる現在，対象であるデジタル・コンシューマーの消費者行動の全体像を把握できるかどうかに勝敗の行方がかかっていると考えられる．そのためには，デジタル・コンシューマーとのつながりの強さが勝負の決め手になると考えられるので，そのような関係をいかに構築するかが喫緊の課題といえる．

参 考 文 献

雨宮智浩（2023）『メタバースの教科書―原理・基礎技術から産業応用まで―』オーム社
房広治，徳岡晃一郎（2021）『デジタルマネー戦争』フォレスト出版
藤井保文，尾原和啓（2019）『アフターデジタル―オフラインのない時代に生き残る―』日経 BP 社
松浦由美子（2014）『O2O，ビッグデータでお客を呼び込め！―ネットとリアル店舗連携の最前線―』平凡社
三浦俊彦（2020）「キャッシュレス／デジタル社会の意味するところ―ヤンゴン（ミャンマー）の事例から―」中央大学政策文化総合研究所・公開研究会（オンライン），2020 年 5 月 7 日の配布資料
三浦俊彦（2022）「デジタル・マーケティング」和田充夫，恩蔵直人，三浦俊彦共著『マーケティング戦略［第 6 版］』有斐閣，357-381 頁
三浦俊彦（2024）「デジタル・マーケティングを考える枠組み―デジタル社会，デジタル・コンシューマー，デジタル・マーケティング―」（『商学論纂』第 65 巻第 5・6 号，中央大学商学研究会），63-86 頁

Mohan, Subramaniam（2022）*The Future of Competitive Strategy :Unleashing the Power of Data and Digital Ecosystems*, the MIT Press（NTT データグループコンサルティング＆アセットビジネス変革訳（2023）『デジタル競争戦略――コンサンプション・エコシステムがつくる新たな競争優位』ダイヤモンド社）

中野幹久（2022）「リテール AI：トライアル」伊藤宗彦，松尾博文，富田純一編著『1 からのデジタル経営』中央経済社，113-126 頁

西川英彦（2019）「デジタル社会のマーケティング」西川英彦，澁谷覚編著『1 からのデジタル・マーケティング』中央経済社，3-18 頁

NTT ドコモ モバイル社会研究所（2023）『モバイル社会白書 2023 年版』<https://www.moba-ken.jp/whitepaper/wp23/pdf/wp23_all.pdf>

Porter, Michael E.（1985）*Competitive Advantage*, The Free Press（『競争優位の戦略――いかに高業績を持続させるか――』土岐坤，中辻萬治，小野寺武夫訳，ダイヤモンド社，1985 年）

経済産業省 HP <https://www.meti.go.jp/press/2023/03/20240329006/20240329006.html#:~:text=1%EF%BC%8E,10.9%E5%85%86%E5%86%86%EF%BC%89%E3%81%A7%E3%81%97%E3%81%9F%E3%80%82>

FF14 を歩こう！（ブログサイト）<https://ff14ayu.blog/>

第4章

経済発展にともなう制度的環境変化と心理的段階推移の日越比較

幸田 達郎

1. はじめに

　本章では，日越比較を通してこれまで合理的な側面だけでは説明しきれなかった経済的変化の背景に横たわる心理学的問題の分析を試みる．とくに，ベトナム社会の制度的変化がもたらす心理的影響について，日本との対比を提示する．本節において本章全体のアプローチ方法をしめし，第2節で本章の拠り所とする欲求理論の枠組みをしめす．第3節で通奏低音となる日越社会の特徴を考察する．これらを道具として第4節で日本の，第5節でベトナムのそれぞれの大きな戦争後の発展について，その背景となる欲求段階とともに時系列的に振り返る．最後の第6節において，今回の考察から得られたベトナム社会への示唆や方法論上の課題を提示する．

(1) 制度史への新制度派のアプローチ
　新古典派による合理性を前提とした費用・便益計算による行動仮説だけでは社会現象の説明が難しい．それを指摘したダグラス・ノースによれば，個

人の効用関数は複雑であり，新古典派のモデルを新制度派経済学による諸理論で補完しなければ，社会構成員にとっての外生的な制度（ルール・予想・規範・組織）が作用する現実の複雑な社会現象を説明することは難しい[1]．より現実に即した視点を得るためには制度分析が必要になる．そこで，取引費用や所有権，プリンシパル・エージェント関係といったさまざまな枠組みやゲーム理論などから経済の歴史的変化を説明しようとする比較制度分析が試みられている[2],[3],[4]．それらの説明においておもに可視的ならびに非可視的な制度や，制度という枠組みをルールとするゲーム分析などの社会的枠組みからの接近方法がとられている．ノースは「制度とは，主体の富や効用を最大化する目的で個人の行動を制約するルール，コンプライアンス手続き（ルールを守らせる手続き），道徳・倫理規範の集合体だ．」[5]として非可視的なものも含めた制度に焦点をあてて経済的発展の分析をおこなっている．制度の構成要素のなかには，株式市場や裁判所に代表される成文ルールや組織構造のように観察可能なものもあれば，誠実さを推奨する規範や法の執行にたいする予想のように，もともと観察や測定が困難なものもある[6]．

制度変化は1つの均衡から他の均衡への推移を意味するが，そういう推移は現行のゲームのプレイの仕方に関して，人びとのあいだで心理的な懐疑，動揺が同時に起こることが引き金となるが，そうした動揺は外部的ショック，または何らかの内部的矛盾の蓄積，あるいはその両方の結合によって生ずる[7]．

(2) 市場の失敗と共同体からの圧力

新制度派のアプローチの特徴は「制度・しくみ」が経済活動にたいしてはたす役割を重視する点にある[8]．新制度派的な経済開発論には，「政府」は，「市場の失敗」や「政府の失敗」が貧困緩和の過程で存在するときに，その「失敗」を最小化しつつ，「共同体」を積極的に活用していくことが望ましいという考えかた[9]がある．人びとの行動を制約し，また方向づける重要な要素として，狭い意味でのそのときどきの制度だけでなく，共同体からの構成

員への圧力や文化・慣習（これらも広義には「制度」に含まれる）の役割を重視すると，先進諸国よりも社会的な湿度の高い（制度・慣習がより粘着的であり多分に全体的な空気のような曖昧さを残した）集団主義的な社会における分析に適したかたちになる．非成文化した圧力が強い場合に政府や法律よりも共同体で形成される総意のようなものが重要な役割をはたす．

(3) 人間心理の自律的変化

しかし，人間行動を方向づけるものはこれら可視的・非可視的な外生的圧力や規制だけではない．個人の人間心理の内側から発する内生的な要因も重要である．個人は，他者の行動や行動にたいする期待によってもたらされる制度的要素に反応しながら，そもそも個人の行動を生み出した制度的要素へと導くような行動を他人にも可能にし，それに指針を与え，動機づけるよう行動する[10]．というように各個人が他者にも影響を及ぼしながら制度そのものの自己強化的な役割をになう．

本章では，制度そのものから一歩踏み込んで，自律的な個人内部の欲求充足の動きが経済的変化をもたらすような行動につながり，その結果としての経済的変化がまた逆に，個人の欲求充足に影響し，その心理的な作用が社会行動をもたらすという循環関係を明らかにしようとする．欲求の自律的変化に焦点をあてることであらたな分析視点を得ようとする試みであるともいえる．

制度変化以前に各個人が希求するものが自律的に変化していくことも考えられる．人間心理や欲望の方向は時代や地域によって変わる．アダム・スミスがおそらくは経済活動の前提としていた倫理[11),12)]が現在では変容し，現代の先進国では資本主義がいびつで拝金主義的な欲望に左右されることがスミスの想定よりも多いようにもみえる．マックス・ウェーバーの『プロテスタンティズムの倫理と資本主義の精神』[13)]でも指摘されているとおり，人間の倫理観は変化する．また，時代や地域によって欲望も変化する．

広い意味での制度変化に焦点をあてると，その制度が求める行為が促進されたり抑制されたりするために人びとの行動が変化することが理解できるが，

心理的変化に焦点をあてると，その時々の人びとが基本的にどのようなことを求めているのかという欲求の方向づけの変化を理解することができる．そこで，本章では，個人心理の必然的変化がもたらす社会行動の傾向の変化の説明を試みる．

(4) 現象の比較による共通点の抽出

本章は試論である．したがって，分析の基本的な考えかたとして絶えざる比較法（constant comparative method）を重視するバーニー・グレイザーとアンセルム・ストラウス[14]のグラウンディド・セオリー（grounded theory）というアプローチ（GTA）を用いる．なぜなら，かれらがその行き詰まりを指摘するような長く通用する傑出した理論としての誇大理論（grand theory）ではなく，本章では，GTAが意図するようなより小さな対象でささやかな原則を見出していくことを試みようとしているからである．GTAの原則は，先入観にとらわれずに細かい領域を吟味することを積み重ねていき，将来はそれらの積み重ねからあらたな理論構築に到達することを目指していくことにある．そういう意味で，本章は東アジアに共通する原則を探すための枠組みを探求するためのささやかな出発点として位置づけられる．本章ではその手はじめとして日越比較を試みる．多様な経済を統一的な方法で分析するということにおいて，さまざまな経済の比較は，いわば社会科学では不可能といわれる「実験」の代替という役割をはたしうるといえる[15]からである．社会・制度的変化の一定の要素が類似する場合に，類似した心理的指向の変化が背景にあるのかを比較する．

尚，グレイザーとストラウスはすでに固定化した既存理論の視点にとらわれないように，あらゆるソースを分析資料の源泉として利用することを推奨している[16]．本章でもさまざまなソースを資料として使用する．

2. 心理的段階の想定

(1) 動機と欲求

　人間が社会のなかで充足させようとする欲求のもとになるものとしてニーズがある．基本的なニーズが外的な誘因によって具体的なモチベーションとして発動する．ニーズとは個人が内的に求めているものであり，モチベーションというのはそこに向かうために必要な力である．デビッド・マクレランドは個人によるニーズの違いに注目し，さまざまな角度からモチベーションにいたるニーズを測定することによって，それによって発動されるモチベーションにどのような違いが生じるのかを整理した．ここでは慣例に倣って"ニーズ"とそれによって喚起される"モチベーション"をまとめて"動機"として表記する．マクレランドらは，さまざまな動機があるとしたうえで，とくに，達成動機，パワー動機，親和動機が職務にとって重要だと考えた．かれらはその中でもとくに達成動機に注目して研究を継続的におこなった[17),18),19),20)]．達成動機と済的成長との関係を大規模かつ丁寧に検討した研究結果 "*The Achieving Society*"[21)] はこのテーマに関する研究の金字塔ともいうべき内容であり，世界各国の達成動機の比較研究により，経済成長を遂げた国々では，そうでない国々に比べて国民の達成動機が高いことを丁寧に検証している．各国の文化的達成動機の高さを測定するにあたってかれらは各国の子ども向けの教科書や読み物から勤勉さや達成にかかわるストーリーの内容や件数を評定していった．勤勉さに価値をおく社会のほうがそうでない社会よりも経済的に発展する可能性が高い．欧米諸国内でカトリックが優勢な国よりもプロテスタントが優勢な国のほうが経済発展の程度をあらわす変数としての1人あたりの電力消費量が高いことから，マックス・ウェーバーの『プロテスタンティズムと資本主義の倫理』の内容の具体的な実証になっている[22)]．

(2) マズローの欲求階層説

達成動機の大きさと経済発展との相関をみることにより，経済発展の潜在的な原動力を推測することができるが，その社会が単純な経済発展以外のどの方向に向かおうとするのかを推測することは難しい．

アブラハム・マズローは，人間の欲求は低次の欲求からはじまり，それが満たされるとより高次の欲求を求めるようになる，という欲求の変化を考えた．まず，① 食欲，性的願望，眠気などの"生理的欲求"(physiological needs) をモチベーションの出発点と考え，もっとも優勢なこの生理的欲求が比較的満たされると，② 安全，安定，依存，保護，恐怖・不安・混乱からの自由，構造・秩序・法・制限や保護の強固さなどを求める"安全の欲求"(safety needs) が生じる．さらに生理的欲求と安全欲求が十分に満たされると，③ 近隣，なわ張り，一族，自分自身の「本質」，所属階級，遊び仲間，親しい同僚などを求める"愛と所属の欲求"(love and belonging needs) が生じる．さらに，④ 安定したしっかりした根拠をもつ自己にたいする高い評価，自己尊敬，あるいは自尊心，他者からの承認などにたいする欲求・願望としての"承認の欲求"(esteem needs) が生じる．これらの欲求がすべて満たされたとしても，人は，自分に適していることをしないかぎり，落ち着かなくなってくる．そして，⑤「人は，自分がなりうるものにならなければならない．人は，自分自身の本性に忠実でなければならない」という"自己実現の欲求"(self-actualization needs) に進む[23]．

以上のような段階を追ってより高次なものへと欲求が変化するという考えかたは，心理学の分野ではマズローによる欲求階層説（Maslow's hierarchy of needs) と呼ばれており，5つの階層に分類されている[24],[25]．

3. 日越の制度的環境の比較

つぎに，日越の制度的環境の背景にあると思われるものを比較していきたい．

日本とベトナムの共通点を考えると，ともに南北に細長い．またベトナムは人口の9割近くをキン族が占めている[26]．

(1) 日越の精神的な背景

日越の大きな文化的共通点として中国の強い影響があげられる．日本では，漢字・漢文が用いられ，7世紀ごろに中国の律令制度をとり入れるなど，古くから中国の強い影響下にあった．儒教，仏教といった宗教も導入された．一方のベトナムも，韓国とともに東アジアにあって古来から中国の影響を強く受けている．ベトナムでは，人びとの勤労意欲，倹約の精神，年功序列を重んじる社会の風潮などは，長い年月この国に根づいた儒教の影響と深くかかわっているといわれることがある[27]．漢字や宗教の導入だけでなく，地つづきの大国である中国の支配下にあった時代もある．中国の強い影響を受けながら，精神的な独立性を維持しているという共通点もある．

また，日本もベトナムも本来は農村を中心とした社会であった．ベトナム人は，本来田園の人であった[28]．

さらに大きな戦争の影響が強いことも共通点としてあげられる．だれに何をきいても，かれの人生はベトナム動揺の年表のどの項かに触れ，それで切り裂かれて血が流れつづけているような感じがある[29]．1970年代の日本でも，当時の大人たちはみずからが戦争に駆り出されたり家族を失ったり，幼いころに空襲の恐怖やそれを避けるための地方への疎開などの戦争の影をひきずっていた．

民族的な意識の強さも共通点といえる．小説家の司馬遼太郎によれば，「ベトナム人ほど自国の歴史を愛する民族も少ないといわれる．愛するだけの歴史をかれらはもっている．たとえばよくいわれるように，隣接する中国がときにこの地に遠征軍を派遣したが，ベトナム人は民族的結束をもって何度かこれを破った」という[30]．

(2) 日本社会の特徴

　日本社会は，元来，家族を単位とする農村社会であった影響を色濃く残していた．その後も，日本社会では，場，すなわち会社とか大学とかいう枠が，社会的に集団構成，集団認識に大きな役割をもっている[31]．一体感によって養成される枠の強固さ，集団の孤立性は，同時に，枠の外に溝をつくる[32]．日本企業の集団主義をもたらした原因として，敗戦後の経済が荒廃しつくした時期に，ちょっとした景気変動で企業が倒産し，失業や生活難に苦しまなければならず，長期的な生活安定への努力を人びとが普段に心掛けていなければならなかったので，個人としての無力さを補うために他者と一体となり，助け合って相互の生活安定をはかったことや，それ以前に後進国として出発したために先進国の圧力による切迫した国際的危機感があったことがあげられる[33]．

　年功序列も日本社会の特徴とされる．「少し前の時代までは，集団の歴史が長く，大きい集団であるほど，リーダー自身の年齢も相対的に高くなるわけで，こうした集団においては，若者などいうに及ばず，中年であっても，リーダーや何らかの長としてのポストを占める可能性はなく，日本社会における重要な地位がすべて高年齢層の者たちによって占められていた」[34]という．

　村の長老が尊敬される様子は，黒澤明監督の映画『七人の侍』にも描かれている[35]．

　戦闘時の現場の我慢強さもまた，特徴であるかも知れない．太平洋戦争では，日本軍の全体戦略は破綻しており，上からの命令でやみくもに粘り強く局地戦をつづけていた．物量的劣勢を考慮し，視点を末端の戦闘レベルにおける将兵の戦いぶりに限定するならば，日本軍はよく戦った，とみることもできるかもしれない[36]．敵対するアメリカ側からの日本軍の戦いかたの特徴は映画『硫黄島からの手紙』[37]に描かれているとおりである．太平洋戦争の末期には鎌倉時代に中国軍を撃退したときの暴風になぞらえて，"神風"特別攻撃隊という名の自爆攻撃部隊まで組織して徹底抗戦を試みている．

(3) ベトナム社会の特徴

　ベトナムの長い歴史は，北属の時代，君主制の時代，フランス植民地の時代，国土分割の時代と現在に分けられる[38]．

　日本人の人口に膾炙した『三国志演義』には中国の南に接する異民族との闘争も描かれている．蛮王孟獲の大軍が225年ごろに中国国境に攻め込み，その後，孟獲は諸葛孔明に7度にわたり粘り強い抵抗をつづけている[39]．舞台となった南蛮はミャンマーやカンボジア，ベトナムの北部が該当するといわれており，実際の孟獲は現在の中国雲南省の人であるが，ベトナムでの孟獲の人気は高いという．ベトナム人の中国にたいする意識は微妙である．1946年にはじまった第1次インドシナ戦争では，ホー・チミンはフランスの「奴隷として生きるよりも死を」と全国民に徹底抗戦を呼びかけた[40]が，「中国人の糞を一生食らうよりは，フランスのを少しの間嗅ぐほうがまし」ともいっている[41]．

　「農民たちはみな村落共同体ごとにグループ化され，共同体の規範によって生活しており，領主といえども農民のプライベートな生活に口を出すことはできなかった．農民は村落共同体の規範にそむいて除名されると，その村に住めなくなる．そのような農民は他の村でも受け入れられないから，アイデンティを失ってしまう．農民はこうしたかたちで村落共同体に属している」[42]．村落共同体の構成には年齢による組織があり，50歳になると「入老」といい，70歳になると「上老」といわれ，村の長老として尊敬される[43]．日本と同じようにベトナムの企業にも年功序列の慣習がある[44]．

　ベトナム戦争の影響も大きい．はじまりは，1959年から1965年までのあいだで諸説あり，終局も1973年または1975年とする考えかたもある[45]．ベトナム側の戦死者の総計は300万人に迫り，民間人の犠牲も400万人を超え，行方不明者は少なくとも30万人，枯葉剤の被害者は100万人，難民は1,000万人に近いという[46]．

　アメリカの『音もなく少女は』という小説では，ベトナム戦争従軍中の恋人が主人公にたいして革の鞄をプレゼントするが「革製品を売る店を経営し

ているベトナム人と知り合ってね. こいつがなかなかの芸術家なんだ. 隠れベトコンじゃないかと思うんだけれど, これがアメリカのビールをがぶ飲みする男でね.」という手紙を出している[47]. 南ベトナムの住民は, 昼間はアメリカ側の南ベトナム正規軍の味方であり, 夜になると敵であるベトコンの味方になったといわれる[48]. 日本社会にオモテとウラ, ホンネとタテマエがあるように, ベトナムでも表面だけではわからない態度が秘められている場合がある. このようなオモテとウラの使い分けは外国からは理解されにくい. 戦争において, どのように対処すべきかのわかりにくさはアメリカ映画『ディア・ハンター』[49]や『地獄の黙示録』[50], 『プラトーン』[51]などに描かれているように敵国からみるとやりどころのない恐怖を生む. ベトナム戦争では, ベトコンは全体戦略を統合したかたちでアメリカ軍と戦ったのではなく粘り強く局地戦をつづけていた. 圧倒的な軍事力と経済力をもつアメリカとの戦いで重視されたのが, 戦場で耐えきるために犠牲を恐れず団結に徹することであり「団結, 団結, 大団結, 成功, 成功, 大成功」というスローガンであった[52].

4. 日本における戦後の発展

　戦後の日本の歴史は, つぎのように分類できるであろう. (1) 終戦直後と連合国による占領の時代 (1945年～1952年), (2) 55年体制の確立と高度成長期 (1953年～1973年), (3) 安定成長期 (1973年～1980年代前半), (4) バブル経済とその崩壊 (1986年以降), である. 尚, 時代区分は厳密ではなく, 通常よりも幅広くとっているために多少重なり合っている. 実際の社会において, 制度・社会環境・生活のそれぞれはぴったり同期しているわけではなく時間幅があり, また地域差や, 同時代であっても異なる時代の内容との重複もあるからである.

(1) 終戦直後と連合国による占領の時代（1945年～1952年）

　戦争の結果死亡した戦闘員および非戦闘員は少なくとも270万人であり，日本の人口の約3～4％にあたり，このほか数百万人が負傷，病気，もしくは重度の栄養失調になり，きわめておおざっぱな推計ではあるが，連合国によって日本の国富の4分の1が破壊された[53]．戦地から数年後に帰国してみると，家庭がすでに崩壊していたことも多く，都会では，かつての家は跡形もなくなり，両親，妻，そして子どもたちは空襲で死亡したり，田舎に疎開したりしていた[54]．まさに廃墟からの出発であった．

　戦争中から実施されていた生活物資の配給制度の継続により，とくに主食の米は各家庭に配布された米穀通帳によって配給数量が管理されていたが，それだけでは必要量が賄えず，遅配・欠配もあり，50倍近い価格で闇米を購入しなければならないこともあったという[55]．活気があったのは闇市であった．1945年には，全国の大都市を中心に，推計1万7,000の野外市場が生まれ，数ヵ月後には，東京だけで7万6,000もの露店が出現した[56]．1950年にはドッジラインによりインフレーション抑制に成功したが，公共事業，福祉，教育予算は削られ，失業が増大，国内消費が低迷し，小規模事業の倒産が増えた[57]．1952年に連合国軍による日本の占領支配は終わった[58]．

　この時代の前半は，多くの人にとって食欲，性的願望，眠気などの"生理的欲求"を満たすことが生きるためのすべてであったという意味で，「生理的欲求」の時代であったと位置づけられる．それが満たされ，連合国の占領下で解雇の不安や経済的な安定への希求が大きな関心事になり，安全，安定，依存，保護，恐怖・不安・混乱からの自由，構造・秩序・法・制限や保護の強固さなどを求める"安全の欲求"が中心的な欲求になる．そうしたことから，日本企業では，入社したての若い社員にも，給料は安くても独身寮などの住むところを提供したり，社内食堂を設置するなどして，食と住の不安が払拭されるような施策が重視されるようになっていった．国家だけでなく人を雇用する企業も活発に"安全の欲求"の充足を提供しようとしていった．

(2) 55年体制の確立と高度成長期（1953年～1973年）

　社会的には，多くの人びとが大都市をめざし，雇用者という就業形態と消費者としての生活スタイルを選択した[59]．

　1955年，自由民主党と社会党の二大政党が議席の2対1を占める保革対立の政治構造，いわゆる55年体制が幕を開け，1956年に国際連合に加盟した．1955年には9割近くの市町村が「閉鎖的」（住居と異なる市町村に通勤する人数の比率が25％以下である流動性の低い状態）であった[60]．こうした固定的な状況下では，自分自身の「本質」，自分が望むような所属階級，遊び仲間，親しい同僚などを求める"愛と所属の欲求"が満たされず，青年層を中心に満足できない状態が生じ，膨らんでいったと考えられる．農村社会のなかでがんじがらめになるだけでなく，より自分が本質的に所属していると感じられる新しい仲間や集団を求めて都市への移動が盛んになる．1955年時点では，占領下の沖縄を除く46都道府県中37県，すなわち8割の県が後進資本主義的類型に属していたが，その後，1970年にはわずか2県になった[61]．

　大企業では新卒一括採用が定着していき，給与も実質的に生活保障的であり，そのまま定年まで一緒にいることが前提となり同じ仲間と働きつづけることになっていった．一括採用の同期入社者が年齢的にまとまった階層をなし，中途入社も比較的少なく，社内の仲間意識も強くなる．このようにしてあらたな帰属先としての企業での所属意識が高まる仕組が確立していった．地元での農業や家内工業だけが選択肢ではなくなり，"愛と所属の欲求"を満たせるかたちでの都市部での被雇用という新しい形態が定着していった．

　1950年代末から1960年代半ばにかけて，20歳代以下の青年層を中心に，毎年農業から他産業へ70万から90万人が流出し，しだいに農家出身者が新規学卒時に他産業を選択する比率が高まっていった[62]．

　1960年には「国民所得倍増計画」が発表され，1960年代から1970年代はじめの日本経済は空前の高度成長を実現し，1960年から1970年の年平均実質経済成長率は11.0％に達し，GNP（国民総生産）は，1968年に資本主義世界第2位に上昇した[63]．こうしたなか，安定したしっかりした根拠をもつ自己

にたいする高い評価，自己尊敬，あるいは自尊心，他者からの承認などにたいする欲求・願望としての"承認の欲求"が生じていったと考えられる．

　消費者物価の大幅な上昇がみられる一方，現金給与総額はそれ以上になったため実質賃金は上昇し，人びとの購買力が高まり，生活が豊かになっていった[64]．三種の神器といわれたテレビ，洗濯機，冷蔵庫が飛躍的に普及した．これらの所有は社会的地位の向上のシンボルでもあった．

　労働力不足と若年労働者の獲得競争が起こり，企業は新卒一斉入社と長期的雇用関係の保障による労働力の確保方式をとり，企業内に活力を生む方法として，職場を小集団に組織して，ジョブ・ローテーションによる恒常的配置転換をくりかえしながら能力評価により小刻みに昇進していく制度がつくられた[65]．この制度が確固たるものとして作用していた時代であった．協調性や必要な能力さえ保有してその集団に属してさえいれば，経済全体が成長していたので自分より年少であったり未熟な社員が下に就き，自分自身は次第に昇進したり頼られたりすることや，より大きな指示を出す立場になっていったために，ある程度の"承認の欲求"は満たされた．

　しかし，高学歴化を背景に入職時の仕事意識が以前より高くなったために，実際の仕事に臨んでの幻滅感・疎外感は深くなり，企業内の昇進競争も激化し，1960年代後半には，疎外感・不満感が経済的貧困感を上回っていた[66]．

(3) 安定成長期（1973年〜1980年代前半）

　1973年に第一次オイルショックが起こり，石油価格の上昇により物価が急騰し，今後入手できなくなるとの不安からトイレットペーパーなどの日用品の買い占めによる物不足が起こった．

　ホワイトカラー層の増大によって，首都圏は労働力が伸びつづけ，このホワイトカラー層・知的技術者層・情報サービス部門労働者を中心として郊外転出がつづいた[67]．集合住宅の借家ではなく，マイホームを持家として所有する動きが活発化した．

　国際的には日本製品の輸出が盛んであったため貿易摩擦の問題が大きくな

り，1985年のプラザ合意により円高が進んだ．高度成長期に比べて成長度合いは鈍化した．重厚長大産業が不況になり，電機や自動車などの産業が伸び，大量に輸出された．そのためにしばしば海外で日本製品排斥運動が起こったが，それらの製品を生み出す日本企業への関心が高まり，アメリカでは日本企業の経営を研究しようという動きに結びついた[68),69),70]．エズラ・ヴォーゲルによる『ジャパン・アズ・ナンバーワン』という本が日本でベストセラーになった[71]．安定成長とはいえ日本経済は成長を遂げていた．海外からの注目はそのまま多くの企業の被雇用者のプライドになり，オイルショックや円高などの危機によるかげりがみられたとしても"承認の欲求"は満たされつづけた．"生理的欲求"，"安全の欲求"，"愛と所属の欲求"，さらには"承認の欲求"のすべての欲求がある程度満たされたとしても，それだけでは，自分に適していることをしているのだろうか，自分自身の本性に忠実で自分がなりうるものになっているのだろうか，という疑問からは免れ得ない．"自己実現の欲求"は満たされない状態のままになる．多くの企業が社内の従業員にたいして，仕事のうえでの自己実現を目指すよう求めるようになっていった[72]．

しかし，自己実現は企業の側が一括して提供できるものではない．企業側が自己実現の機会を提供するのではなく，企業の労務管理者は従業員にたいして，自分自身が本人で自己実現の道をみつけるように研修などで指示するようになった[73]．

鉄鋼や造船といった重厚長大型の業種などでは円高不況により，企業成長が伸び悩み，新卒採用数が抑制されるようになり，社内の地位向上による"承認の欲求"がおぼつかなくなる．

(4) バブル経済とその崩壊（1986年以降）

バブル経済期には経済状態が投機的に膨れ上がり，個人資産が一時的に増えつづけるとともに日本経済や日本企業やその製品が世界的にもてはやされ，自尊心がある程度満たされ"承認の欲求"が満たされる状況が継続した．企

業も個人も業績を伸ばしつづけ，税収も伸び，政府は各自治体に「ふるさと創生事業」という名目で一律1億円を配布し，自治体によっては使い道に困って，地元の名産品を純金で作成させて展示するなどがおこなわれた[74]．

1980年代はじめから，働きすぎにより脳や心臓の健康障害を起こし死にいたる事件が，「過労死」として語られはじめ，1988年に電話相談「過労死110番」全国ネットが設置され，1980年代末の年間過労死は1万人を下らないと推定された[75]．

1990年ごろからのバブル崩壊にともなって社会的な停滞もはじまりつつあった．15歳以上の人口に占める雇用者率は，1990年代前半には労働力人口（就業者数と失業者数の合計）の8割，約5,000万人以上が雇用者となっていたが，それ以降，雇用者増加傾向は頭打ちとなった[76]．1990年代後半には，1980年代に肥大化した管理・事務部門を中心に激しいリストラが実施され，中高年労働者や管理職が対象となった[77]．こうして，日本企業の従業員は"自己実現の欲求"を充足する術をもたぬまま，"承認の欲求"の満足さえ失い，さらにはその前提となる欲求段階の"愛と所属の欲求"の充足の機会さえおぼつかなくなってしまった．

5. ベトナムにおける戦後の発展

トラン・ヴァン・トウは，歴史的観点からみたベトナムの体制移行を，民族主義からの出発（1920年～1953年），民族主義と共産主義の葛藤（1953年～1975年），全国規模での社会主義経済建設と民族主義の後退（1976年～1986年），ドイモイ初期：市場経済への移行開始（1986年～1990年），社会主義志向型市場経済思考の登場（1991年～2000年），グローバリゼーション下のドイモイ：外圧による改革（2000年以降）に分類している[78]．

ここでベトナム戦争の終結の1975年以降を，それぞれの区間の前後の幅を広くとってそれぞれの時代を多少重ねながらその分類に沿って考えていきた

い．それは，つぎのようになるだろう．(1) 戦後の全国的社会主義経済建設 (1975年〜1986年)，(2) 市場経済への移行準備から開始 (1985年〜1990年)，(3) 社会主義志向型市場経済の実施 (1987年〜2000年)，(4) グローバリゼーションと外圧による改革 (2000年ごろから) である．時代区分に重なりが生じるのは，制度そのものの変化による影響には時間がかかり，影響そのものはぴったりとその年かぎりのものとして区分できない広がりをもつからである．

(1) 戦後の全国的社会主義経済建設 (1975年〜1986年)

ベトナム戦争により国土は荒廃した．日本では，徹底抗戦にたいしてアメリカがおこなった原爆投下がいまだに日本人の記憶に刻まれているが，ベトナムの場合には枯葉剤の影響がある．1961年から実験的に散布され，1970年代前半までつづき，散布量は7,200万リットル，散布面積は170万ヘクタールに及んだ．南ベトナムのジャングルの20%に散布され，枯葉剤被害者は300万人以上と推定され，2008年の時点になってもクアンチ省では約3,000人の子どもたちがその後遺症に苦しめられているという[79]．

1975年に南部を含むベトナム全土の社会主義化により，国営と集団経営の商業を推進するために，既存の商業資本が排除され，中国軍がベトナムに侵攻する (1979年) など多くの出来事が起こった[80]．ベトナムは統一され，私企業が廃止され，生産も流通も消費も計画経済にもとづくようになり，南部でも個人農家は肥料や農機具，燃料などを購入できなくなり，焚書，密告，拷問，人民裁判，公開処刑などが日常茶飯事になったという[81]．社会主義システムを積極的，強硬的に進め，旧サイゴン政権の高級将校や官僚にたいする収容所での強制的学習改造に加え，生産・商業の実業者にたいする強制的改造が多くの人に海外への非合法的脱出をもたらした[82]．まさに"生理的欲求"の危機にさらされる人も多かった時代であったと位置づけられる．

南北統一後の期間 (1976年〜1986年) には，極度な生産不振があった[83]．街には失業があふれ，農業生産は停滞し，全土に深刻な食糧不足が生じた[84]．計画経済のもとでは「バオカップ」(bao cấp 包給) という仕組があり，家族分

だけの衣食住のクーポン券とわずかな現金が給与の代わりに毎月配分され，ほとんど無料の指定された労働者アパートや田舎の一軒家に住み，電気代や水道代も支払う必要はなく，教育費や診療費も無料であった[85]．"生理的欲求"を満たし，長期にわたって安定的に生活を保障することによる"安全の欲求"を満たす政策が実施されていたと位置づけられる．しかし，配給制度により，必要な量を購入できない一方，必要でないものを買わざるをえないという現象が生じた[86]．支給されるものは画一的で，個人的な選択などは考慮されず，下着からパンツ，ブラウス，セーターにいたるまで，ほとんど皆が同じものを着ることを余儀なくされた．化粧品などは贅沢品として配給の対象にならないため，たとえばマスカラが欲しい場合には現金を使って外国人向けの特別な「自由市場」で外国製のものを購入した[87]．政策的な意図が完全な効果を上げられず，物不足のため，消費財などを手に入れて自由市場で売れば儲かることになり，配給と自由市場とのあいだにインフォーマルな私商・中間取引者が存在することになった．公定価格と自由市場価格の差額を儲けるため買い占めをおこない，高価格を設定し，それが物不足を益々深刻化させた[88]．"生理的欲求"がかろうじて充足できたとしても，安全，安定，保護が得られず，恐怖・不安・混乱からの自由を求める人びともおり，政策的な努力にもかかわらずかならずしも国民全員の"安全の欲求"が充足され得る環境ではなかった．

また，1978年のベトナムによるカンボジア侵攻の影響により，多くの国から経済制裁を受け，その後8年間，国際社会から完全に孤立した[89]．カンボジア問題による孤立により，ベトナム戦争の終結以後，一時進展したASEAN加盟国との関係改善も頓挫し，ベトナムをソ連の陣営により深く参入させることになった[90]．1970年代末に350万人のホーチミン市民は飢餓状態に陥った[91]．1979年～1980年にロンアン省では自由市場の価格が公定価格の7～8倍も高く，公定価格での農民からの籾の買いつけ量はノルマの18％程度しか満たさなかった[92]．さらに1980年ごろから2～3桁のインフレが進行した[93]．こうしたことからも，"安全の欲求"の充足に関する状況の不安定さの

みならず，ときとして"生理的欲求"さえ満たされない状況にさらされる人びとがいたことが推測される．

　1981年には一定量以上の農産物は農家の収入とされるようになり，1985年には，中央管理方式の解体，国営企業の補助金制度全廃が決められたが，そのあいだにも闇経済が国内総生産の3割に達していた[94]．

(2) 市場経済への移行準備から開始（1985年〜1990年）

　ドイモイ，すなわち計画経済から経済自由化への移行が構想されはじめたのは1980年前後であり，公式に発表されたのは1986年であった[95]．市場経済への移行に踏み切り，中央計画経済，集団農業を放棄した[96]．ドイモイ路線のもとでは，経済的破綻と国際的孤立から脱却することがめざされ，市場経済システムの導入と対外開放政策が進められた[97]．しかし，ドイモイの最初の2〜3年は経済が混乱した[98]．1987年のインフレ率は700%になった[99]．当初ドイモイ政策は政府主導型国家資本主義的な傾向が強く，1986年から市場経済制度が導入されたにもかかわらず，国内市場は国有企業および外国資本だけに解放され，1990年まで民間セクターにたいしては自由化されていなかった[100]．

　人びとの欲求充足の段階が"生理的欲求"と"安全の欲求"とのあいだで一進一退をくりかえし，また国内でもまだらな状態にあり，なかなか人びとの欲求充足の段階が進まない状況や1つ前の段階の欲求充足が満たされなくなり同時に異なる段階の欲求が生じるなどの重層的な状態にあったと推測される．マズロー自身，1つの段階の欲求がある程度満たされるとつぎの段階の欲求が少しずつあらわれていくという重層性を想定している[101]．また，環境の変動により，それが一進一退したものと考えられる．ハノイを中心とする北部と南部のホーチミンとで事情が異なることや，都市部と農村地帯とでも状況が異なることもあげられる．また，日本の終戦が時期としてはっきり区分しえることや，その後の追い風のなかで経済的発展が比較的順調に進んだのにたいしてベトナムでは国際的な逆風がつづいたこともこの段階での停

滞がつづいた理由であると考えられる．さらには社会主義体制がそもそも教会やコミュニティーでの愛や所属，自身の承認などの欲求の充足を目指すものではなく，理念として国際的な労働者階級の団結や民族自立などのより抽象度の高い概念への所属を指向しており，その政策も 1 人ひとりの欲求充足に向けた性質のものではなかったことが考えられる．

(3) 社会主義志向型市場経済の実施（1987 年～ 2000 年）

「恐慌状態」からの改善の兆しがみえるのは，ドイモイが具体的な経済政策として展開されるようになる 1980 年代末からのことであり，政策として 1987 年の土地法（1993 年に改定）や，1989 年には，① 国営企業にたいする経営自主権の付与と，赤字企業の解体，② 私営企業の法的地位の確立，③ 外国貿易にたいする国家独占の廃止と，為替レートの市場実勢に応じた変動制への移行，④ 配給制度と国家統制価格の廃止や，財政，税制，銀行制度の改革といった包括的な価格自由化が実施された[102]．

国家所有的経済が国民経済の基幹的役割を演じるためには零細な規模・脆弱な体質の多くの国営企業を再編成しなければならないことが認識され，1990 年代初頭に国営企業の整理・統合が進められた[103]．これを支えた法令としては，1990 年の民間企業法・企業法，1992 年の憲法における民間所有の承認，1995 年の市民法による民間所有の範囲明確化，1994 年の国内投資促進法，1995 年の国有企業法，1996 年の外国投資法改正，1997 年の商法などがあげられる[104]．

製造業の生産は，ドイモイ以前に大部分が国有企業によって占められていたが，2000 年になるとその構成は国有 50％，民間 28％，外資系 22％に変わっている[105]．

自分自身の仕事やその成果が自分のものとして評価されることによって，それらが不当に取り上げられないということから "安全の欲求" が満たされるようになり，安心して "愛と所属の欲求" を追求できる下地ができたものとみられる．組織そのものの個人所有や自分独自の労働という概念が本格的

に認められることになり，"自分の"組織，あるいは"自分たち"の組織に所属しているという感覚が生じ，そのなかでの"愛と所属の欲求"が充足されていく．そうした社会環境が本格的に整備されたと考えることができる．

1986年以前に停滞していた国内総生産は，1988年あたりから徐々に上向くようになり，1990年になると年増加率が7％以上の水準にまで改善され，さらに1992年～1996年の期間には年率9％の成長に達している[106]．ドイモイ下の15年間でベトナムのGDPは平均成長率の約7％の成長を記録し，人口1人あたりの所得は年率5.3％で上昇していることから，1人あたりの所得がこの期間に2.2倍に拡大したと推測されている[107]．日本におき換えると所得倍増ということになる．日本経済の分析でみてきたように，"承認の欲求"が満たされる社会状況になってきたといえる．

1993年ごろから貯金金利はインフレ率よりも高く，物価安定にともない通貨ドンへの信頼も強くなった[108]．工業部門の年成長率は，1985年～1990年の期間の4.9％から1990年～1995年には12.5％に上昇し，そして1995年～2000年には，アジア金融危機があっても10.6％という高水準を維持している[109]．

1990年にEU，1992年に韓国と国交を正常化し，アメリカとは1995年に国交正常化をおこない2000年に通商協定が結ばれた[110]．1995年にASEANに正式加盟[111]した．その後2007年にWTOに正式に加盟した[112]．このようにして，グローバル化への準備が整いつつあった．

(4) グローバリゼーションと外圧による改革（2000年ごろから）

2000年ごろからベトナムをめぐる国際環境・地域環境が急速に変化し，貿易・投資の自由化が一層進展し，WTO加盟準備の本格化（2001年から）と加盟実現（2007年1月）にともなって，WTO基準を満たすために国営企業の改革を促進しなければならず，株式化が積極的に推進された[113]．

2006年ごろから国有企業，民間企業，合作社と外資系企業にたいするそれぞれの法律が整理されていき[114]，共通投資法と統一企業法の改正や税制上

の優遇措置導入など，外資にとって投資しやすい環境が整備された[115]．FDI（海外直接投資）が認可ベースで急増したのは2008年からである[116]．

　外資系企業の存在はベトナムの工業発展にとって大きな存在である[117]．とくに外資系企業の労働者層の場合，それまでは経済的に脆弱・不安定で閉塞感にあふれていたが，最低賃金政策の変更を契機とする賃金の引き上げを背景に，自己肯定感をもった安定的な層となりつつある兆しがみられる[118]．若い人を中心に"承認の欲求"を満たせる環境が整ってきている．2006年時点で，外資企業労働者の9割以上は製造業労働者であり，2010年時点では20〜29歳の労働者が，外資系企業の労働者の6割近くを占めており，34歳以下の若年層でみれば8割を超えている[119]という．

　しかし，ここで気になるのは，"承認の欲求"の発展段階の1つ前の基礎をなす"愛と所属の欲求"が確固たるものになっているのかどうかである．外資系企業の場合，進出先のみならず本国の経済や社会状況，その他の社会環境などによって撤退や縮小がおこなわれることも多い．また，一般的に愛国心の強いベトナムの人びとにとっても外資系企業は外国の企業でしかない．そこを本来の所属先として"愛と所属の欲求"を満たす本当の場になるのかどうかがつぎの欲求段階を堅固に満たす基礎があるのかどうかを左右する．

　外資系企業は，ベトナムの企業としてベトナムにしっかりと根を下ろす必要がある．あるいは，ベトナムの従業員が，自分自身をグローバルな人間として，国籍にかかわらず所属する企業を愛し，自分自身が安定的に所属する組織として認識する必要がある．そうでなければ，外資系企業の従業員にとって，仕事のうえで自分自身そのものが根本的なプライドをもち，"承認の欲求"を追求していくことが，その追求の過程の一時点から難しくなる可能性がある．

　経済をみると，かつては旧ソ連をはじめとする東欧諸国がベトナムの主要な輸出市場であったが，対外開放過程において貿易もFDI導入も主としてベトナムの産業発展の国際的波及，技術・資本・経営ノウハウの活発な移動として役立っており，アジア太平洋地域の国々との分業の促進や，輸出・成長

の機会になっている[120]．

　1990年から2020年までの30年間でベトナムの総輸出額は約43.5億ドルから約2,951.7億ドルへの約68倍に増加し，国内総生産（GDP）にたいする輸出の比率は36％程度から105.5％へと著しく上昇し，1人あたりGDPも2020年には1990年の約5倍の2,656ドルに達した[121]．1990年〜2020年までの実質GDPの平均成長率は6.7％であった（但し，2020年には新型コロナウィルス感染の影響により，成長率が2.9％まで落ち込んだ）[122]．2007年前後の時点で生活水準の上昇がはじまったという指摘もある[123]．1993年に58％であった貧困比率は，2012年には11％にまで減少した[124]．日本社会の分析でみてきたとおり，生活の向上や，経済発展による企業成長とそれによる自分よりも未熟な新入社員の増加，国際的な経済的地位の向上などは人びとの"承認の欲求"を満足させる．

　また，人の移動についても日本社会の高度成長期にみられたような動きがみられる．地方の農業から都市部の職業への移動である．世帯主の職業移動のデータに比べ，子世代の職業として，企業で働く者が明らかに多く，自営業者も多いが，どの職業においても，親の職業が農業であるケースが多い[125]．社会階層をみると，下層から中層への移動の場合，そのほとんどは農業（農林水産業のこと）からの移動（94.7％）であり，農業の労働生産性が向上し農業労働の需要が減り，とくに若年層のあいだで農業離れが進んでいる[126]．転職経験については，世代を経るごとに転職経験者の割合が増加し，短いスパンであらたな職場を求めて転職をくりかえしている傾向があるという[127]．

　管理職員の場合，一定の職階以上は大学卒業学歴が重視されている[128]．

　本社が東南部に集中する2016年時点の上位上場企業のトップ経営者に北部および中部出身者が多いという傾向がある[129]．また，国有企業に関しては，国有企業グループ内あるいは省庁からの配属による同グループないし省庁出身者の就任が多かったのにたいし，元国有企業と民間企業の総社長職では，国家セクター勤務経験のない高度かつ専門的な技能を有する若い人材が転職を通じて就任するケースがみられたという[130]．市場経済化が進んだ現在で

も，国有・民間含めて大企業経営者のかなりの部分が依然として国家セクター出身者に占められているという状況にあるなかで，元国有企業や純粋民間企業の総社長職では，国家セクターでの勤務経験がなく，高い学歴・技術に特徴づけられるあらたな層が出現している[131]．

(5) あらたな社会的傾向

ベトナムの人口は，1970年代にみせた3％台の高い増加率も，1980年代に入ると漸次減少し，2005年には1.35％にまで急速に下落している[132]．日本は2007年に世界ではじめて超高齢社会（Super-aged Society: 高齢化率が21％以上の社会）に突入したが，国連の推計ではベトナムも2050年に超高齢化社会に突入すると考えられている[133]．

教育環境をみると，都市部を中心に中学受験が激化しており，たとえば，ハノイ師範大学付属中学校の2020年度の入試では240人の募集定員にたいして約4,000人の児童が受験しているし，ハノイ国家大学外国語大学付属中学校でも100人の募集定員にたいして2019年度は約3,000人の児童が受験しているという[134]．都市近郊の裕福な保護者にとってはその子弟を国内外の有名大学に進学させるべく，まずは高品質中学校に進学させ，それから才能高校をはじめとする名門高校に進学させることが魅力的なルートになりつつある[135]．

中間層では，不況になっても教育と医療に関しては投資金額を増加させる傾向があるという[136]．また，職業選択をめぐる価値規範の相対化，すなわち，安定性を唯一の基準に仕事を選ぶ時代から，多様な価値観によって自分たちのライフスタイルに合った職業が主体的に選択される時代へと変化してきていると考えられている[137]．このような側面をみると，ベトナム社会も日本などの経済的に先行する国に類似した道を辿っているようである．こうした若い世代が成長し，大人になり，職業に就くと，それぞれの職業生活のなかで，自己実現を本当に求めるようになると考えられる．

ベトナムでは住宅法と不動産事業法が2014年に同時に改正され，2015年

から施行されており，ベトナム人の富裕層と外国人によって不動産市場は年々ヒートアップし，2015年から価格が150〜200%に跳ね上がっている物件もある[138]。日本の東急グループはホーチミン市の近郊にあるビンズン省において，国営企業のベカメックスIDCと合弁会社（ベカメックス東急）を設立し，ビンズン新都市で大規模な街づくりを進めている[139]。この街づくりは，今後，ベトナム国内の人件費が高騰していくという危機感のもとに，省政府機能を新都市に移転し，新都市をつくろうというもので，すでに，コンシェルジュや設備員常駐の24時間セキュリティ体制完備であり，プールやジム，ゲストルームなどが整った24階建て406戸のツインタワーマンションが完売しており，新都市の中心部に位置する商業施設ヒカリはオープン3年で売上が15倍に増えているという[140]。このビンズン新都市プロジェクトの全体の完成に関しては，東急電鉄は40〜50年前の多摩田園都市を想起し，長期的なプロジェクトとして臨んでいるという[141]。

ビンズン新都市について，その開発主体であるベカメックス社のホームページでは，「科学技術都市，技術移転と科学研究を誘致」という見出しのもと，「トレーニング，研究開発，商品化，スタートアップ活動を支援するイノベーションとテクノロジーのスタートアップのエコシステムが形成されています。エコシステムには，Becamex R＆D科学技術研究所，テクラボ，ファブラボ，スマート製造業イノベーションセンター，Becamexビジネス・インキュベーター，先進製造センター，ブロック71サイゴン（ベカメックスとシンガポール国立大学の戦略的パートナーシップ）などがあり，ベトナムのハイテク・スタートアップ・エコシステムを世界につなげています」[142]と記載されており，単純な組立型工業から先端技術の発信へのベトナムの戦略的な転換がうかがえる。

筆者らの2023年8月20日〜8月25日のホーチミン市での現地調査では，アメリカで博士号をとりNASAでの仕事のオファーがあったという人が，自国の発展に身を捧げたいとしてベトナムに帰りベンチャー企業の副社長をやっていた[143]。先端技術分野を，新しいタイプの経営者が牽引している。

6. おわりに

現在，日本の人口は1億2,462万人であり，1人あたりGDPは3万3,950ドルで，平均年齢は49.5歳に達している[144]．一方で，ベトナムの人口は1億40万人であり，1人あたりのGDPは4,316ドルで，平均年齢は32.7歳である[145]．

これまでみてきたように，日本社会では，バブル崩壊までは戦後の欲求充足段階が順調に展開していったが，"自己実現の欲求"を満たす段階にいたらずに失速したうえ，多くの人が"承認の欲求"の基礎を失い，リストラや雇用の不安定化にともなって"愛と所属の欲求"の基盤さえ失いつつある．ベトナムでは，現在，"承認の欲求"が満たされつつある．しかし，それは外資系企業での勤務や海外とのモジュール分担の仕事による経済的な向上や社会的評価の向上による場合が多い．ベトナムでの欲求充足の階段が失速・転落しないためには，"愛と所属の欲求"の基盤としての"自分自身にとっての"本当の所属先を確固としてもつ必要があるであろうし，また，ベトナム社会が国民1人ひとりにたいして"承認の欲求"の先にある"自己実現"を提供できるか，または，1人ひとりが自分自身で"自己実現"の方法をみつけることにかかっている．経済成長は永遠ではない．多くの場合，人口増加は落ち着き，やがて減少に転じる．

経済が鈍化し，目指すものが1つではなく多様化していくと人間の欲求も多様化していくと考えられる．そのような状況では，1人ひとりが自分自身が求めるものを探していかなければならなくなる．または，その反対に，わざわざ身の丈を超えてまで強く何かを欲求し，現状以上の状態を求めることはしなくなるであろう．どちらの方向を求めるのかは，制度によって長期的に導かれる．とくに教育が重要になると思われる．マクレランドらの研究[146]では一国の動機形成に教育が重要な役割をはたしている．

(1) 制度的段階を超えて——心理的欲求の発展

　本章では，制度を含む社会的な変化とその根底にある人間の欲求の変化に光をあてることを試みた．それぞれの国に時代の精神というものがあり，それは発展していく．今回，考察の対象となった日本とベトナムは，ともに戦争による壊滅的な混乱から経済を成長・発展させてきた．その過程での時代ごとの充足すべき欲求の変化を辿った．欲求とその充足はその国の経済状況に左右されるものであった．しかし，1つの国はその国のなかで単一の階層や集団によって構成されているわけではない．当然のことながら1つの国，1つの時代のなかに異なる欲求の段階が混在する．日本が民族として単一であるか多様であるかについては議論があり，文化についても地域ごとの多様性をある程度は保持している．ベトナムも多民族国家であるが，その多数をキン族が占めている．南部・中部・北部の文化差もある．

　しかし，それぞれの時代における支配的な欲求に関しては，経済的な状況が同じであれば，まったく異なるということは少ないと考えられる．そうした前提のもと，本章では国全体の経済状況の変化を追うことで，それぞれの時代に支配的な欲求を推測した．

　もちろん，日本やベトナムでも，経済的な階層や，地域，とくに農村部と大都会とでは，それぞれの経済的な状況が異なるだけに，違いは存在する．ベトナムでは北部出身か南部出身かの違いも厳然と存在した．本章では日本については，おもに関東地方の商工業の従業員や地方から都市部に移動してきた人びとや，時代が下るにつれて人数が増えていくホワイトカラーの人びとを念頭においている．ベトナムについては，長細い国土のなかでおもにホーチミンやその周辺およびそこに移動してきた人びとを想定しており，やはり時代が下るにつれてホワイトカラーについてを中心に想定している．時代精神だけでなく，地域や社会階層によっても典型的な欲求の内容は異なるだろう．

　しかし，まだ日本やベトナムの場合には，さまざまな国からの移民が多く存在するアメリカなどと比べれば均質性が高いと考えられる．今回は分析の対象外であったが，おそらくはアメリカのような典型的な多民族国家では，

たとえ同時代のなかであっても典型的な欲求とその充足は社会・経済的階層による違いが大きいと考えられる．どのような場合でも，典型的な欲求は時代によっても，また国内でも地域や社会階層によっても異なる．それぞれの国によって時代の違いが重要になるのか，または同一の時代区分であっても社会集団の違いのほうが重要になるのかが異なると考えられる．国内の民族や社会階層などの多様性が大きくなればなるほどその時代を代表する典型的な欲求の階層性は解体し，多様化するに違いない．

(2) 類似と差異

本章では，経済発展にともない，典型的な国民の欲求が変化していくことをみてきた．しかし，戦乱の内容や長さ（たとえば，日本では太平洋戦争以降は戦争をおこなっていないのにたいし，ベトナムではベトナム戦争が時間的に長いことや，その後のカンボジア侵攻などがあるなど）の違いや資本主義と社会主義といった制度の違いにより，社会的変化のスピードや内容が異なる．また，後発性の利益（advantage of backwardness）が海外からの直接投資によりもたらされる[147]だけでなく，世界同時進行的に進むIT化や通信革命など，分野によっては先発国とさほど大きな時間的ズレをもたずに経験することができる．そのために，欲求の段階の進みかたが異なることになる．

(3) 自己実現は可能か？——そこからの出発

今回は社会・制度・市場と人びとの欲求充足との関係をみた．日本社会で空中分解し，満たされないまま雲散霧消してしまったかにみえる自己実現が，ベトナム社会では可能なのか，今後が注目される．しかし，自己実現とは何なのか？

自己実現的人間は争いごとに超然としており，比較的，物理的環境や社会環境から超然としており，人類を助けようとする超越性をもつとマズローは考えた[148]．

自己実現の概念は幅広いが，そもそも自分に適していること，「自分がなり

うるもの」「自分自身の本性」に合致した何ものかに成ろうとしても，それはどこにあるのか？　それはすでにわかっているものなのか？　マズロー自身「高度の成熟，健康，自己充実に達した自己実現する人は，ときとしてほとんどわれわれとはまるで違った生れの人間であることをしめすほどである」[149]とさえ述べている．平凡な普通の人にとって自己実現を欲求として設定することは，はてしのない本当の自分探しの旅のはじまりなのかもしれない．

1) North, D. C. (1981)『経済史の構造と変化』*Structure and Change in Economic History*, New York: W. W. Norton（大野一訳 (2013) 日経 BP), pp. 90-97.
2) *Loc. cit.*
3) Greif, A. (2006)『比較制度分析（上）（下）』*Institutions and the Path to the Modern Economy: Lessons from Medieval Trade*, Cambridge, U. K.: Cambridge University Press（岡崎哲二，神取道弘監訳 (2021) 筑摩書房）.
4) 青木昌彦 (2008)『比較制度分析序説 ―経済システムの進化と多元性―』 講談社.
5) North, *op. cit.*, p. 364.
6) Greif, *op. cit.*, (上) p. 59.
7) 青木 前掲書，278 頁.
8) 寺本実 (2011)「ドイモイの歩み」寺本実編『現代ベトナムの国家と社会 ―人々と国の関係性が生み出す〈ドイモイ〉のダイナミズム』明石書店，33 頁.
9) 寺本 前掲書，31 頁.
10) Greif, *op. cit.*, (上) p. 51.
11) Smith, A. (1759)『道徳感情論（上）（下）』*The Theory of Moral Sentiments*, London, U. K.: Printed for Andrew Millar, in the Strand; and Alexander Kincaid and J. Bell, in Edinburgh（水田洋訳 (2003) 岩波書店）.
12) Smith, A. (1776)『国富論 (1) (2) (3)』*An Inquiry into the Nature and Causes of the Wealth of Nations*, 1st ed. London, U. K.: W. Strahan（水田洋監訳，杉山忠平訳 (2000～2001) 岩波書店）.
13) Max Weber (1905)『プロテスタンティズムの精神と資本主義の精神』*Die protestantische Ethik und der Geist des Kapitalismus*: Germany: Bodenheim, Germany: Athenäum（梶山力訳 (1938) 有斐閣）.
14) Glaser, B. G. and Strauss, A. L. (1967)『データ対話型理論の発見』*Discovery of Grounded Theory*, Chicago: Aldine Publishing Company（後藤隆，大出春江，水野節夫訳 (1966) 新曜社）.
15) 青木 前掲書，31 頁.

第4章　経済発展にともなう制度的環境変化と心理的段階推移の日越比較　113

16) Glaser, and Strauss, *op. cit.*, pp. 231-265.
17) McClelland, D. C., Atkinson, J. W., Clark, R. A. and Lowell, E. L. (1953) *The Achievement Motive*, New York: Appleton-Century-Crofts.
18) McClelland, D. C. (1961) *The Achieving Society*, Princeton, N. J.: D. Van Nostrand.
19) McClelland, D. C. (1965) "Toward a Theory of Motive Acquisition", *American psychologist*, Vol. 20, No. 5, pp. 321-333.
20) Atkinson, J. W. (1974) *Motivation and Achievement*, New York: Halsted Press.
21) McClelland, *The Achieving Society*.
22) Max Weber: a. a. O.
23) Maslow, A. H. (1954)『改定 新版 人間性の心理学』*Motivation and Personality*, New York: Harper（小口忠彦訳（1987）産能大学出版部), pp. 55-72.
24) Weiner, B. (1980)『ヒューマン・モチベーション』*Human Motivation*, New York: Holt, Rinehart and Winston（林保，宮本美沙子監訳（1989）金子書房), pp. 304-305.
25) Latham, G. P. (2007)『ワーク・モティベーション』*Work Motivation: History, Theory, Research, and Practice*, Thousand Oaks, CA: Sage（金井壽宏監訳，依田卓巳訳（2009）NTT出版), pp. 70-72.
26) 松岡完 (2001)『ベトナム戦争』中央公論社，209頁．
27) レ・タン・ギエップ (2005)『ベトナム経済の発展過程』三恵社，9頁．
28) 司馬遼太郎 (1974)『人間の集団について ―ベトナムから考える』中央公論社，254頁．
29) 前掲書，61頁．
30) 前掲書，63頁．
31) 中根千枝 (1967)『タテ社会の人間関係』講談社，30頁．
32) 前掲書，46頁．
33) 間宏 (1971)『日本的経営』日本経済新聞社，64-65頁．
34) 中根 前掲書，149頁．
35) 本木莊二郎 (Producer)，黒澤明 (Director) (2006)『七人の侍』[Motion picture]．東宝．
36) 戸部良一，寺本義也，鎌田伸一，杉之尾孝生，村井友秀，野中郁次郎 (1984)『失敗の本質 ―日本軍の組織的研究―』ダイヤモンド社，5頁．
37) Eastwood, C., Lorenz, R. and Spielberg, S. (Producer) and Eastwood, C. (Director) (1954) *Letters from Iwo Jima* [Motion picture]. U. S. A.: DreamWorks Pictures, Malpaso Productions, & Amblin Entertainment.
38) レ 前掲書，2頁．
39) 羅漢中 (14世紀)『三国志演義（下）』（立間祥介訳 (1972) 平凡社)，226-260頁．
40) 松岡 前掲書，64頁．
41) 前掲書，117頁．

42) 小倉貞男（1997）『物語 ヴェトナムの歴史 一億人国家のダイナミズム』中央公論新社, 94頁.
43) 前掲書, 139-140頁.
44) レ 前掲書, 184頁.
45) 松岡 前掲書, ⅰ-ⅱ頁.
46) 前掲書, ⅲ-ⅳ頁.
47) Teran, B.（2006）『音もなく少女は』*Trois Women/The World Eve Left Us*, Redndo Beach, Calif.: High Top Publishing（田口俊樹訳（2010）文芸春秋）, p. 305.
48) 小倉 前掲書, 75頁.
49) Spikings, B., Deeley, M., Cimino, M. and Peverall, J.（Producer）and Cimino, M.（Director）（1978）*The Deer Hunter* [Motion picture]. U. S. A.: EMI.
50) Coppola, F. F.（Producer and Director）（1979）*Apocalypse Now* [Motion picture]. U. S. A.: Omni Zoetrope.
51) Kopelson, A.（Producer）and Stone, O.（Director）（1986）*Platoon* [Motion picture]. U. S. A.: Hemdale Film Corporation.
52) 坪井善明（2008）『ヴェトナム新時代 ―「豊かさ」への模索』岩波書店, 28頁.
53) Dower, J. W.（2004）『増補版 敗北を抱きしめて（上）』*Embracing Defeat: Japan in the Wake of World War* Ⅱ with new photographs, New York: W. W. Norton and Company（三浦陽一, 高杉忠明訳（2004）岩波書店）, p. 56.
54) *Ibid.*,（上）p. 49.
55) 国立公文書館 アジア歴史資料センター（2024確認）ホームページ「お米を買うのに通帳が必要だったの？」『テーマ別歴史資料検索ナビ アジ歴グロッサリー』（2024年5月11日閲覧）https://www.jacar.go.jp/glossary/tochikiko-henten/qa/qa13.html
56) Dower, *op. cit.*,（下）p. 160.
57) *Ibid.*,（下）p. 358.
58) 荒川章二（2009）『全集 日本の歴史 第16巻 豊かさへの渇望』小学館, 11頁.
59) 前掲書, 同一箇所.
60) 前掲書, 22頁.
61) 前掲書, 21頁.
62) 前掲書, 25頁.
63) 前掲書, 107頁.
64) 厚生労働省（2011）「経済社会の推移と世代ごとにみた働き方」『平成23年版 労働経済白書（労働経済の分析）』日経印刷, 86頁.
65) 荒川 前掲書, 137頁.
66) 前掲書, 130-131頁.
67) 前掲書, 245頁.
68) Ouchi, W. G.（1981）『セオリー Z』*Theory Z: American Business Can Meet the*

Japanese Challenge, Reading, Massachusetts: Addison-Wesley（徳山二郎監・訳（1981）CBS ソニー出版）．
69） Pascale, R. T. and Athos, G. (1981)『ジャパニーズ・マネジメント』*The Art of Japanese Management*, New York: Simon & Schuster（深田祐介訳（1983）講談社）．
70） Deal, T. E. and Kennedy, A. A. (1982)『シンボリック・マネジャー』*Corporate Cultures*, Reading, Massachusetts: Addison-Wesley（城山三郎訳（1987）新潮社）．
71） Vogel, E. F. (1979)『ジャパン・アズ・ナンバーワン』*Japan as number one: Lessons for America*（Vol. 10），Cambridge, Massachusetts: Harvard University Press（広中和歌子，木本彰子訳（1979）TBS ブリタニカ）．
72） 幸田達郎（2023）『MBA テキスト 経営学入門』勁草書房，54-55 頁．
73） 幸田達郎（2020）『基礎から学ぶ産業・組織心理学』勁草書房，111-112 頁．
74） 日本経済新聞電子版（2019）ホームページ『光り輝く「1 億円」の悲しい末路（平成のアルバム）』2019 年 4 月 27 日（2024 年 5 月 11 日閲覧）https://www.nikkei.com/article/DGXMZO44218350V20C19A4000000/
75） 荒川 前掲書，233 頁．
76） 前掲書，225 頁．
77） 前掲書，337 頁．
78） トラン・ヴァン・トウ（2010）『ベトナム経済発展論』勁草書房，39-62 頁．
79） 坪井 前掲書，11-12 頁．
80） レ 前掲書，53 頁．
81） 松岡 前掲書，93 頁．
82） トラン 前掲書，51 頁．
83） レ 前掲書，53-54 頁．
84） 松岡 前掲書，95 頁．
85） 坪井 前掲書，47 頁．
86） トラン 前掲書，67 頁．
87） 坪井 前掲書，同一箇所．
88） トラン 前掲書，68 頁．
89） 坪井 前掲書，70-71 頁．
90） 古田元夫（1995）『ベトナムの世界史 ―中華世界から東南アジア世界へ―』東京大学出版会，233 頁．
91） トラン 前掲書，74 頁．
92） 前掲書，76 頁．
93） レ 前掲書，61 頁．
94） 松岡 前掲書，97 頁．
95） 大野健一，グェン・ドゥック・タイン（2020）「生産性から見たベトナム経済の達成と課題」山田満，苅込俊二編著『アジアダイナミズムとベトナムの経済発展』文眞堂，144 頁．

96) レ 前掲書，36 頁．
97) 中野亜里 (2011)「ベトナムにおける党 - 国家と市民社会の関係性 ―「実社会」からの政治改革の要求―」寺本実編『現代ベトナムの国家と社会 ―人々と国の関係性が生み出す〈ドイモイ〉のダイナミズム』明石書店，137 頁．
98) トラン 前掲書，281 頁．
99) 松岡 前掲書，98 頁．
100) ド・マン・ホーン (2020)「ベトナム経済発展とクローニー資本主義のトラップ」山田満，苅込俊二編著『アジアダイナミズムとベトナムの経済発展』文眞堂，163 頁．
101) Maslow, *op. cit.*, p. 83.
102) 古田 前掲書，243 頁．
103) トラン 前掲書，55 頁．
104) 大野，グェン 前掲書，132 頁．
105) レ 前掲書，160 頁．
106) 前掲書，72 頁．
107) 前掲書，72-73 頁．
108) トラン 前掲書，115 頁．
109) レ 前掲書，150 頁．
110) 松岡 前掲書，242-243 頁．
111) 前掲書，237 頁．
112) 坪井 前掲書，81 頁．
113) トラン 前掲書，94 頁
114) 前掲書，132 頁．
115) 苅込修二 (2020)「低位中所得国ベトナムと中所得の罠」山田満，苅込俊二編著『アジアダイナミズムとベトナムの経済発展』文眞堂，149 頁．
116) 牛山隆一 (2020)「多国籍化するベトナム企業 ―先発 ASEAN 企業に追随―」山田満，苅込俊二編著『アジアダイナミズムとベトナムの経済発展』文眞堂，214 頁．
117) トラン 前掲書，129-130 頁．
118) 荒神衣美 (2018)「ベトナムにおける社会階層分化」荒神衣美編『多層化するベトナム社会』独立行政法人日本貿易振興機構，5-16 頁．
119) 藤倉哲郎 (2018)「高度経済成長下ベトナムにおける新しい労働者層の形成と展望―メコンデルタ地方都市における外資企業の事例から―」荒神衣美編『多層化するベトナム社会』独立行政法人日本貿易振興機構，190 頁．
120) トラン 前掲書，282 頁．
121) カオ・ティ・キャン・グエット (2023)「中国・ASEAN との貿易関係 ― 一帯一路と大メコン圏経済回廊―」岩井美佐紀編著『現代ベトナムを知るための 63 章〔第 3 版〕』明石書店，359 頁．

第 4 章　経済発展にともなう制度的環境変化と心理的段階推移の日越比較　117

122)　前掲書，同一箇所．
123)　保倉裕（2020）「鋼材需要からみたベトナム経済発展の特質」山田満，苅込俊二編著『アジアダイナミズムとベトナムの経済発展』文眞堂，203 頁．
124)　坂田正三（2018）「ベトナム北部農村の職業階層移動 ―階層移動における自営業層の位置づけを中心に―」荒神衣美編『多層化するベトナム社会』独立行政法人日本貿易振興機構，125 頁．
125)　前掲書，148 頁．
126)　前掲書，133 頁．
127)　伊藤未帆（2018）「ベトナム人大卒労働者のキャリア・パターン ―高度技能労働者の集団的考察―」荒神衣美編『多層化するベトナム社会』独立行政法人日本貿易振興機構，110 頁．
128)　藤倉 前掲書，202 頁．
129)　藤田麻衣（2018）「ベトナム大企業経営者の属性と出世過程 ―ホーチミン証券取引所上場企業の経営者の考察―」荒神衣美編『多層化するベトナム社会』独立行政法人日本貿易振興機構，68 頁．
130)　前掲書，同一箇所．
131)　荒神 前掲書，14 頁．
132)　レ 前掲書，14 頁．
133)　松本邦愛（2020）「社会の高齢化と東アジア」山田満，苅込俊二編著『アジアダイナミズムとベトナムの経済発展』文眞堂，97-98 頁．
134)　関口洋平（2023）「教育制度と学歴社会 ―進展する教育のドイモイ―」岩井美佐紀編著『現代ベトナムを知るための 63 章〔第 3 版〕』明石書店，175 頁．
135)　前掲書，同一箇所．
136)　伊藤 前掲書，90 頁．
137)　前掲書，113 頁．
138)　蕪木優典，實原享之，工藤拓人，Tran Nguyen Trung（2020）『これからのベトナムビジネス 2020』東方通信社，142-145 頁．
139)　前掲書，149 頁．
140)　平田周二（インタビュイー），工藤拓人（インタビュアー）（2020）「不動産インタビュー　東急グループから学ぶ不動産業のベトナムビジネス：ビンズン新都市という新天地で東急マンの DNA を発揮し真の田園都市をつくる」前掲書，152-173 頁．
141)　前掲書，同一箇所．
142)　BECAMEX IDC.（2021）ホームページ『ビンズン新都市』（2024 年 5 月 10 日閲覧）https://becamex.com.vn/ja/project/binh-duong-new-city/
143)　Dinh Ba Tien（Payoo 社副社長），（2023.8.24.14：00-15：50）ベトナム，ホーチミン市 Payoo 本社にてインタビュー．
144)　日経ビジネス（2024）「特集 ASEAN 牙城再建」『日経ビジネス』4 月 22 日，14

頁.
145) 前掲誌，同一箇所.
146) McClelland, *The Achieving Society.*
147) 苅込 前掲書，151 頁.
148) Maslow, *op.cit.,* pp. 240-242, 248.
149) Maslow, A. H. (1962)『完全なる人間 ―魂のめざすもの』*Toward a Psychology of Being,* New York: D. Van Nostrand（上田吉一訳（1964）誠信書房）, p. 103.

第5章

日系企業のベトナム人材獲得戦略に関する考察

越前谷　学
野間口　隆郎

1. はじめに

　本章では，ベトナムに進出した日本企業がベトナムにおける戦略を達成するためのベトナム人材獲得戦略を考察する．筆者の1人である越前谷はベトナムにて日系人材紹介企業の現地法人社長として2013年から2024年までの10年間，ベトナム人材の成長と変化を日々感じてきた．本章はその経験をもとに考察するものである．そのためアカデミックな視点ではなく実務者の視点から考察をおこなう．在ベトナム日本大使館（2012）によると，2011年1月，ベトナムではその社会経済開発の方向性を定める文書を定めたという．それは2011年1月の共産党大会にて決議された「社会経済開発10か年戦略（SEDS: Socio – Economic Development Strategy）2011〜2020」，2011年10月の国会において承認された「社会経済開発5か年計画（SEDP: Socio – Economic Development Plan）2011〜2015」である．これらにてベトナムは「2020年までの工業国化」を目指してきた．その目的は充分に達成されたと考えられている．そのためにおこなってきたことは，(1) 社会主義指向型市場経済体制の

整備，(2) 人的資源の開発，(3) インフラ（とくに交通・都市インフラ）の整備であった．そしてこれら戦略，計画を具現化するために数々の共産党による決議，国会で承認される National Target Program（NTP），首相決定などが出されたそうだ．それによって，外資導入の経済発展が目指されたため日本企業の多くがベトナムへ進出してきた．そしてこれまで日本企業は多くのベトナムの人材を雇用してきた．現在多くの国の企業がベトナムに進出しベトナム人材の獲得を目指している．日本企業もその1つであるため，人材獲得の競争激化という厳しい経営環境に直面している．

　ジェトロ（2021）によると，2020年以降ベトナム共産党は，経済政策においてあらたな長期的な目標を掲げている．ベトナム共産党第13回党大会でしめされた経済発展の方向性について特徴がある．ベトナム共産党第13回党大会では，2030年までに「近代的な工業を有する上位中所得国」になることを目指している．また，独立100周年にあたる2045年までに「高所得国」になることも目指している．これらの目標は，過去の党大会で掲げられた「2020年までに工業国入りする」という長期目標の代替案としてしめされた．過去10年間の実質GDP成長率は，前の10年間を下回ったが，経済構造は大きく変化した．貿易の拡大が目立ち，ベトナムは世界貿易機構（WTO）加盟を通じて多国間，二国間の自由貿易枠組みに積極的に参加している．携帯電話や電子機器の生産が増加し，輸出額が急増している．国有企業改革は，大規模国有企業の競争力強化から，存続させる分野を限定する方向に修正された．民間部門では，あらたな民間コングロマリットが台頭し，外国直接投資も増加している．2020年の成長率はコロナ禍の影響で一時的に低下したが，感染拡大防止策と経済支援策により急速な回復が実現された．ベトナム共産党は，経済政策をつうじて国家の発展を目指しており，今後も中長期的な目標を追求していく．つまり，海外からの投資を積極的に受け入れ，経済をさらに発展させることを基調とする政策を中央政府が取りつづけることがわかっている．そのためこれまで以上に日本以外のグローバル企業がベトナムで事業を拡大するため，人材の獲得戦略を強めていくことが予想されている．

本章では，ベトナムに進出した日本企業がベトナムにおける戦略を達成するためのベトナム人材獲得戦略を考察する．2011年ごろから変化してきたベトナム人材の特徴をつかみ，その人材価値を検討することで獲得すべき人材の特徴を考察する．また，それによりベトナム人材獲得戦略も考察する．

2. 日本企業のベトナム進出の価値

最初にあげられるのは，若くて意識と質の高い人材が豊富だという特徴がある．ベトナムの人口は約9,946万人で，ASEAN諸国のなかでも3番目に多い．平均年齢が31歳と若く，人口増加もつづいている（ジェトロベトナム 教育（Edtech）産業調査 2021）．勤勉で知識を吸収し，真面目に仕事に取り組む国民性が評価されている．近年のデジタル・トランスフォーメーションに対応するためのITリテラシーも高く，質の高い仕事が期待できる．ベトナムの理工系大学もIT分野が主流であり，毎年5万人もの多くのIT人材を輩出している．

つぎに資源が豊富で物価が安く，雇用コストも低いことが特徴である．ベトナムは農業資源や観光資源が豊富である．物価は日本の約3分の1といわれている．平均月給は約173ドル（約26,000円）であり，比較的低コストで人材を雇用できる．

大学進学率は30％弱で，ハノイやホーチミンなど都市部での4年制大学学部卒の新卒給与は平均月給600万ベトナムドン（約37,500円）程度である．学生の多くは大学在学期間中に有償のインターンシップを通じて職場での経験を積み，卒業後に本格的に就職活動をおこなう．日本のように新卒一括採用システムではなく企業からのアプローチもないため，各人が能動的に人材紹介企業の求人広告に応募するか，知り合いの伝手を使って仕事を得る．

インターンシップ生や新卒が従事する仕事の多くは平易で単純な業務が多いため，数年以内の転職によって専門性を身につけられる仕事へキャリアアッ

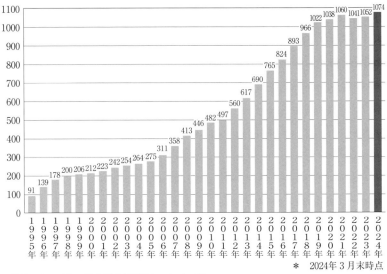

図1 ホーチミン日本商工会議所会員企業数推移

出所：ホーチミン日本商工会議所ホームページ

プをすることが一般的である．20代のうちに数回の転職をする過程で自身の専門性を身につけ，30代以降はその専門性に磨きをかけてさらにキャリアアップを目指す．

　在ベトナム企業の多くは新卒者であってもゼネラリストとして育成する方針はなく，日本の大企業のような企業内ジョブローテーションもみられない．ジョブ型雇用が一般的で，採用に際してはジョブディスクリプションを明示し，その条件に合った専門性をもった人物が採用される．

　これまでコロナ禍の期間があったが右肩上がりの成長を実現している．ベトナム人の多くが生活や将来について必ず良くなると非常に楽観的な見方をしている．そして，共産党政府の経済発展のための支援が明確である．ベトナムのGDP成長率は平均7％以上で，これまでも経済成長が安定してきた．共産党の経済政策から自由貿易化が進み，外資100％進出も認められている．

　日系企業のベトナム進出は毎年右肩上がりに進んでおり，コロナ禍で停滞した時期があったが，ホーチミン日本商工会議所に所属する会員企業は2024

年3月末時点で1,074社となっており過去最大となっている.

首都ハノイ,中部のベトナム第3の都市ダナンにも商工会議所があり,会員企業数はそれぞれ788社（2023年6月時点），157社（2023年6月時点）となっている．ベトナム全土の総計は約2,000社となり，東南アジアではタイに次ぐ規模である．

業界別にみると，製造業が48％と約半分を占めており，次いで卸売業・小売業12％，建設業8％，IT6％となっている．製造業では，キヤノン，パナソニック，ホンダ，トヨタ，日本電産，ブリヂストンなどの大手企業は1990年代から進出しているところも多く，現在は人手不足に悩む日本の地方の中小規模の製造業の進出も多くみられるようになってきた．また，約1億人の旺盛な消費を目あてに，イオン，UNIQLO，セブンイレブン，ファミリーマート，MUJI，マツモトキヨシ，ニトリなど小売業の進出も目立つ．今まで多くの日系企業はベトナムを生産地として捉え，ベトナムの国内工場で物をつくり，完成品を他国へ輸出するモデルであったが，最近の小売業はベトナムの若く旺盛な1億人の市場を消費地として取り込もうと進出目的の変化もみて取れる．

ベトナムへ新規進出した企業が事業をおこなうにあたり，ライセンス取得後一番はじめに実施することが事業の肝となるベトナム人を採用することである．しかしながら多くの日系企業がその採用手法や面接の仕方などの違いに戸惑いを覚える．なぜならそれは言語・文化の違いのみならず，多くの日系企業駐在員は，日本において人事業務を専門的に経験しておらず，どうしてもベトナム人の人事に頼らざるをえないからだ．

日本と違い中途採用が採用数の多くを占めるなか，1,2度の面接だけで能力や人物を見極める必要があり，採用のミスマッチにつながるケースが少なくない．また採用後もベトナムの法律で定められている試用期間2ヵ月間のなかで企業も入社者も真剣に見極めていくことが求められている．

経済発展の一方で不安材料もある．それがインフラ設備面である．ハノイやホーチミンなどの大都市であってもいまだ多くの交通インフラが整備され

ていない．また大都市では渋滞や事故に注意が必要である．渋滞緩和のための地下鉄の整備なども予算策定の不備，コロナによる影響を受け遅々として進まない状況にあった．大都市では一般大衆が自動車を所有できる段階まで所得があがってきており，乗用車が都市の道路を埋めつくしているが，道路などのインフラ整備は現場の行政能力が低いためなかなか進まない．都市部での渋滞緩和のため，ハノイではCBD（セントラルビジネスディストリクト）への車の乗り入れを一部制限し，また2021年末に悲願のベトナム初の都市交通（ハノイメトロ2A号線）が運行を開始した．ホーチミンでは当初2018年に運行予定であったメトロ1号線は，諸所の事情による延期をくりかえしてきたが，2024年度内にようやく運行の目処が立てられている．

　中央政府と末端の行政機能のあいだに情報量や政策機能に隔たりがあるため，現場においては政策の実行が安定しないといわれている．現場は中央政府の政策を確認できていないため，現場は責任を回避するために行政が滞ることがあるようだ．そのため行政の現場が独自に地域政策を立案することも難しい．そのため日本企業も実際の現場でベトナム政府から不整合や不条理な場面に出くわすことがあるといわれている．ベトナムでの人材獲得もこの格差が人材の優劣のばらつきを生み出していると考えられる．ベトナムで人材獲得を推進する際には，これらの要因を考慮する必要があるだろう．

3．ベトナムの人材市場の概況

　ベトナムにおいて事業をおこなうにあたり，ベトナム人労働者を雇用することには多くの戦略的価値がある．ベトナム人は真面目で勤勉な人が多く，向上心があるため，日本企業の社内活性化につながると考えられる．ベトナムのような新興国ではとくに一生懸命仕事をし，キャリアを上げることによって収入に大きな変化があるため努力を惜しまない．この特徴は，チームの活性化や生産性向上に寄与する．また，親日家で日本人と合うといわれる．ベ

トナム人は親日国として有名で，日本人の真面目さ，勤勉性はベトナム人にとって親和性があり，日本にたいして良い印象をもっている．日本製品や日本文化も人気だ．トヨタ車やホンダのスクーターなど，生活のなかで日本の物に触れる機会が多いこともベトナム人が日本を身近に感じる理由の1つであろう．また，ベトナムでは日本語教育が盛んで，英語に次いで日本語を学習する人が多い．現在日本には40万人を超えるベトナム人が留学や技能実習生，特定技能実習生として来日している．将来は母国の日系企業で働くことを目標に，日本で経験を積むベトナム人も多くいる．また，日本に残って長期にわたって働きたい人も多い．ベトナム人労働者は日本企業と馴染みやすく，さまざまな分野での活躍も期待できる人材である．

ベトナムの人材市場について概観する．ベトナムは近年，IT分野で急速に成長しており，とくにIT人材市場に注目が集まっている．以下に，ベトナムのIT人材市場に関する状況を概観する．

ベトナムのIT人材規模は約53万人を超えている．2023年の上半期のGDP成長率は3.72％で，世界経済の困難な状況にもかかわらず成長している．ICT産業の収益は前年比で減少しているが，ソフトウェアの輸出は依然として明るい兆しをしめしている．とくに日本やアジア太平洋地域など一部の市場でソフトウェア輸出が良好な成長を維持している．

ベトナムでは国をあげてIT産業に力を入れており，中学2年生からコーディングなどのIT科目学習を開始する．毎年約5万人がITエンジニアとして必要な理工系，情報系専攻の大学，大学院を卒業しているが2022年時点で企業の需要にたいして15万人が不足しているといわれている．また，大学を卒業しても即戦力としてのスキルは身についておらず，就業に向け卒業者の大半は追加の教育訓練が必要とされている．

ベトナムのソフトウェア開発者の多くはZ世代に属している．かれらはテクノロジーに熟練しており，柔軟性があり，急速に変化する労働市場に適応しやすい．Z世代は，おおむね1990年代中盤から2000年代終盤までに生まれた世代を指すが，年代の厳密な定義はない．Z世代は生まれたときからイ

ンターネットやデジタル機器が当たり前の存在だ．ウェブやスマートフォンを日常的に利用し，情報発信力に長けている．日本企業があらたな事業をベトナムで起こすとすれば，この世代の優秀な人材を獲得する必要があるだろう．Z世代が中心であるベトナムのIT労働人口は約53万人で，多くは大学や大学院で専門的にIT技術を学んでいる．デジタル・トランスフォーメーションと技術の進歩にともない，デジタルスキルへの需要が高まっている．IT人材はベトナム地場のIT開発プロジェクトや，近年では製造業や金融機関のDX支援にも大きく引き合いがある．また国内だけでなく，2010年ころからはじまった海外企業からのソフトウェア開発の需要も引きつづき旺盛だ．いわゆるオフショア開発と呼ばれるIT開発形態は，依然として日本企業からの引き合いが多い．日本との親和性，高い日本語能力，2時間という比較的少ない時差，そして安価な労働力という三拍子も四拍子も揃った利点が日系企業から選ばれる理由である．

　また近年では欧米企業からの引き合いも多くみられるようになった．コロナ回復期以降，世界レベルでIT企業においてITソフトウェア開発者のレイオフがはじまり，コストの高い人材の代替としてベトナムのIT人材へシフトする動きがみられる．

　このような理由により，現地でソフトウェア開発プロジェクトをおこなう経験豊富なITプロフェッショナルへの需要が高まっている．ベトナムのIT市場は今後も成長が期待されており，労働市場から人材を獲得する外資系企業間での競争が厳しくなっている．日本企業が選ばれるためには安価なコストだけに注目することなく，長期的な視点で人材を育てることが必要であると考える．

　ジェトロ（2024）のレポート「深刻化する人材確保の課題，多様な人事施策の検討がカギ（ベトナム）」によると，日系企業調査で「人材不足の課題に直面している」と回答した企業は，ベトナムが42.7%である．また，2023年（8月-9月）の雇用状況について，前年同期と比べて「改善」と答えた企業は17.7%で，「悪化」の11.2%を上回った．前年度は同様の調査項目がなかった

ため,経年比較はできないが,2023年は世界的な経済成長の減速により外需と内需がともに減少し,ベトナム国内の生産活動が停滞した.このため,人員や生産ラインに余剰が生じたケースや,当初の採用計画を縮小したケースもあったという.

職種別にみると,人材不足が深刻とした企業(「とても深刻」と「やや深刻」の合計)は,一般事務職で26.6%,工場作業員で49.5%と,比較の低い.一方で,一般管理職で67.2%,専門職種が61.8%,IT人材が56.8%と比較的高い.経験や専門性が求められる職種(高度人材)において人材不足が起きている.(図2参照).

また,高度人材の不足,外資系企業との人材獲得競争,さらに,人件費の高騰などに直面するなか,日系企業ではさまざまな工夫を凝らし,採用強化や社内制度と職場の改善に取り組む様子がみられる.日系企業調査の回答企業の具体的な取り組み例としては,人材の獲得・採用を強化するため,SNS

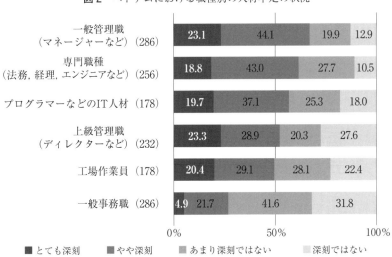

図2 ベトナムにおける職種別の人材不足の状況

注:括弧内は集計企業数
出所:ジェトロ(2024)レポート「深刻化する人材確保の課題,多様な人事施策の検討がカギ(ベトナム)」より

表1　在ベトナム日系企業の人材採用・定着に関する取り組み

項　目	内　容
採用に関する工夫	リファラル採用の報酬制度の導入 SNSによる情報発信の強化 転職した社員の出戻り入社を促すための連絡ルートの構築 従業員の出身校のOB/OGネットワークの構築 地元学校や大学と連携した講座，インターンシップの実施 採用業務のシステム化による精度とスピードの向上
定着に関する工夫	表彰やイベントによる従業員のエンゲージメントの向上 福利厚生（施設，食事，任意医療保険や従業員家族を含む健康診断など）の充実 基本給ではなく，各種手当の拡充による支給額の増加 日本語／英語の研修やセミナー参加による能力開発の機会提供 フェムテック活用による女性の働きやすい職場づくり 成果型KPIの導入によるインセンティブ設計

出所：ジェトロ（2024）レポート「深刻化する人材確保の課題，多様な人事施策の検討がカギ（ベトナム）」より

による採用関連情報発信の強化や，従業員の卒業校のOB・OGネットワーク構築，地元学校や大学と連携した講座，インターンシップなどがあるという．日系ITオフショア企業のなかには，優秀な学生を早くから自社に取り込もうと，寄付講座を実施している企業もある．ハノイ工科大学，ホーチミン工科大学，ダナン工科大学などの理工系大学が主要なターゲット校で，学生向けにIT技術の習得と併せて日本語能力を習得させる講座をおこなっている．そうやって日本語能力を身につけさせた学生を，卒業後に自社に就職させIT技術者として実務を通して育てていくか，もしくは他の日系企業に就職を斡旋する．若く優秀なIT技術者を採用したい日系企業は多くあり，とくに日本語能力を習得している学生はベトナム現地での就職だけでなく，日本で日本の新卒学生と同様に採用されるケースも増えている．

　また，社員の採用だけでなく，定着に関してもさまざまな取り組みを実施していることが見受けられる．表彰やイベントによる従業員のエンゲージメント向上とあるが，どの企業も予算を割いて施策を実施している．近年日本ではあまりみられなくなった社員旅行もその1つであり，在ベトナム企業の

ほとんどで実施されている．また人事制度では優秀人材の引き留めのために成果報酬によるインセンティブ支給も多くの企業で実施されている（表1参照）．

つぎに上記の人材戦略と比較するため，人材獲得に成功していると考えられる在ベトナム日系自動車メーカーの人材戦略をみてみる．

4. ベトナム人材の特徴と日本企業（自動車産業）からみた戦略的価値

ベトナムの日系自動車メーカーは人材戦略を概観すると以下のようになる．日系の自動車メーカーらしく国内同様に人材の育成に力を入れている．

トヨタベトナム（Toyota Vietnam）は1995年に設立された．トヨタベトナムは，ベトナムのビンフック省に本社をおいている．トヨタブランドの自動車の製造と販売をおこなっており，ヴィオス，イノーバ，カムリなどのグローバル戦略車を生産している．自動車生産工場では年間7万台の自動車を生産できる体制を整えており，サービスパーツの工場生産と輸出もおこなっている．つまりサプライヤー機能をになう人材も育成されているのである．

トヨタベトナムのホームページによると2021年の新車販売台数は約6.9万台である．

ホンダベトナム（Honda Vietnam）は1996年に設立された．ホンダベトナムもビンフック省に本社を構えており，バイクや自動車，自動車部品の製造と組立をおこなう6つの工場を運営している．ベトナムのバイク市場において8割以上のシェアをもつリーディングカンパニーである．乗用車はCR-Vやシティなどの車種を生産している．ホンダベトナムのホームページによると2021年の新車販売台数は約2.1万台であった．ホンダ東京西は，外国人整備人材の採用と育成を支援する「ベトナムプロジェクト」を立ち上げている．このプロジェクトでは，近隣の日本人学校とベトナムのハノイ工業大学と連携し，日本語と自動車整備を学びたい学生を募集しており，学生は同社でア

ルバイトをしながら特定技能を取得し，全員が特定技能試験に合格している．また，ホンダは整備士の育成目的に教育省とも提携しており，専門学校や短大の学生が参加するプログラムを展開している．卒業後は同社サービスセンターなどでの就業につなげることを目指しており，年間120人の受け入れを目標にしている．ホンダ東京西のベトナム人整備士たちは，語学学校で日本語を学び，その後日本の自動車整備士専門学校で学び，国家整備士2級の資格を取得して働いている．このような取り組みは，日本の整備業界にとって貴重な人材を育て，グローバル化を成功させる一助となることであろう．

　日野自動車はヒノベトナム (Hino Vietnam) を1996年に設立した．ヒノベトナムは，日野自動車と合弁で運営されている．ハノイに本社をおき，HINOブランドの自動車を CKD（ノックダウン生産）で生産している．おもにトラックやバスの製造をおこなっており，SERIES300，SERIES500，SERIES700 などの車種を組み立て製造している．2021年の新車販売台数は4,815台である．日野自動車インテグレートレポート (2023) によると，日野自動車は2019年にベトナムのハノイ工科大学に小型トラック「300シリーズ」（日本名：日野デュトロ）を1台寄贈した．また同じくフンイエン技術師範大学にも1台寄贈した．自動車産業の人材育成の一環で，教材として使用されるそうだ．日野自動車は教育支援プログラムを通じて各国への社会貢献活動を推進しており，その一環として，ベトナムでは2019年から両大学と人材交流を開始した．ハノイ工科大学からは，卒業生4人を日本の本社で採用し，エンジニアとして設計を担当した．NNA ASIA (2019) によると，日野自動車の柏木拓郎常務は，2年前にはじめてハノイ工科大学を訪問した際のことを振り返り，「実習場で古いトラックが使われているのを目にし，優秀な学生たちに最新のトラックを使ってもらいたいと感じた．これがハノイ工科大学との交流のはじまりとなった」と説明．商用車業界では「CASE（ケース）」(Connected, Autonomous, Shared, Electric) という取り組みが加速していることに言及し，ハノイ工科大学の優秀な人材にCASEをはじめとする先進技術の分野で活躍してもらうことを期待している」と語ったそうだ．

これらの日系自動車メーカーは，日本国内の工場にOJT (On the Job Training) で人材を送りこみ，日本の優れた生産技術を習得させている．これら3社の車は耐久性に優れ10年以上使用されるため，メンテナンス工場の人材育成にも力をいれている．日本の整備工場にベトナム人材を活用して育成している．また，ベトナムの大学などに整備士育成の講座を設置したりしている．生産工場，整備工場の品質と効率を高めることのできる人材を育成し，ベトナム国内での自動車産業の発展に貢献している．日系自動車メーカーが育成した人材が新車販売ディーラーにも中古車整備工場にも多数存在するため，日系自動車メーカーの人気が根強い．これらの根強い人気は，自動車産業やバイク産業の中古車整備まで含めた自動車産業のサプライチェーン全体をすそ野から支えるベトナム人材を長期的に育成する戦略がもたらしている．

5. 韓国企業（サムスン）のベトナム人材獲得戦略

サムスン（Samsung Electronics）はベトナムでの進出に成功した代表的韓国企業である．サムスンはベトナムで積極的な投資をおこなっており，半導体の先端パッケージ基板の生産能力を高めているといわれる．これにより，サムスンの半導体の性能向上に寄与した．ベトナムでは同社のスマートフォンの過半数を生産しており，家電製品の工場やディスプレー工場もある．その影響力は同国の主要な輸出品目を塗り替えた．ベトナム製のサムスン製品の輸出はベトナムの輸出の大きな割合を占めるといわれている．サムスンベトナム（Samsung Vietnam）は2008年以降，サムスン電子ベトナム（SEV）の全国6工場にたいし，総額175億米ドルを100%自己資金で出資している．毎年数百万ドルを増資しつづけており，ベトナムでの成功を支えている．サムスンの成功は，ベトナムの優秀な人材，安定した社会情勢，有利な投資環境，多様なインフラ設備などによるものである．ベトナムは今後も成長が期待される市場であり，多くの企業が進出を検討している．サムスンはエレクトロ

ニクスやデジタルデバイスの技術分野でベトナムの人材獲得に成功しているといえるだろう．NCネットワークベトナム（2023）によるとサムスンの人材獲得戦略は次のようなプログラムや取り組みである．サムスン・イノベーション・キャンパス2023～2024は，サムスンベトナムとベトナム国家イノベーションセンター（NIC）が共同で開講した技術系人材の人材開発プログラムだ．2030年までにベトナムにおける半導体人材の5万人育成を目指している．開講コースは人工知能（AI），モノのインターネット（IoT），ビッグデータ関連などでハノイ国家大学傘下の複数の大学やFPT大学などから約200人の学生が対象となる．教育期間は5ヶ月間から8ヶ月間でおこなわれる．各プログラムの修了後に別のプログラムへの参加や，サムスンベトナムの研究開発（R&D）センターでのインターンや就職のチャンスが与えられるという．サムスンは日本の自動車産業がおこなっているベトナム人材育成と同様にエレクトロニクス産業のサプライチェーン全体のすそ野を支える人材育成をおこない，サムスンの技術を習得した根強いファンのようなエンジニア人材を育成している．また，サムスンは韓国でもベトナム人材の雇用を拡大しており，韓国国内の技術力を確保し，新事業部門の競争力を強化するための取り組みをおこなっている．これらの取り組みにより，サムスンはベトナムでの人材育成と雇用創出に貢献しているため，韓国企業はベトナム共産党中央政府からの優遇が受けやすいと考えられる．

6. 考　　　察

ジェトロ（2024）のレポート「深刻化する人材確保の課題，多様な人事施策の検討がカギ（ベトナム）」によると，ベトナムは人口の増加フェーズにあり，2023年にはついに1億人を突破した．しかし，世界銀行によると，2021年の合計特殊出生率は1.94で，フィリピン（2.75），インドネシア（2.18）を大きく下回り，緩やかな少子高齢化が進行する．加えて，人件費の高騰や人

材の奪い合いは避けられず，現状の比較的低廉な賃金体系と豊富な人員体制を中・長期的に維持するのは困難だという．

　日系企業調査の結果では，社内制度の拡充，大学とのネットワーク拡大などの策で人材の獲得と定着を模索する様子がうかがえたという．また，日本で働くベトナム人労働者と在ベトナム日系企業が雇用するベトナム人を合わせると，計100万人以上に及ぶ．これは大まかにいうと，ベトナム人の100人に1人が日本企業で現在勤務をしていることになる．両国の経済活動の強い相互補完関係をあらわすと同時に，経済関係にとどまらない人的交流の広がりの可能性をも示唆する数字だ．日本ならではのベトナム人材の循環が加速することで，日系企業の雇用確保，ベトナム人のキャリア形成の双方に価値がもたらされることに期待したいと結論づけている．このジェトロのレポートを考察すると，多くの日本企業が中長期的な人材戦略をどのようにしたら良いのかがわからず，目先の人材確保対策に終わっているということをしめしているといっていいだろう．ほとんどのベトナム進出日系企業は日系自動車メーカーや韓国サムソンのような企業のように長期的な人材獲得戦略が実行できていない．日本の本社から日本の工場や販売などの現場でベトナム人材を育成し，産業のサプライチェーン全体での人材を体系的，長期的に育成していくような，ベトナムでの人材戦略の支援を得られていないということだろう．また，現在のIT技術はグローバルにオープン化しており，ITエンジニアは世界中のどこでも獲得したIT技術を活かしてよりよい条件の企業に転職できるようになっている．育成したIT技術者が，他社へ転職した場合に自社にそのメリットが還流する仕組みがないと育成コストがすべてムダになる．トヨタ車のメンテナンス技術を習得した整備士が独立して整備工場や中古車ディーラーを営んだとしても，トヨタ車のメンテナンスや中古車販売をビジネスとする．トヨタの製造するサービスパーツが売れ，中古車販売と買い取りによってトヨタの新車が売れることになる．グローバルにオープン化した技術に従属するIT企業の場合には，このような長期的な人材開発戦略がとりにくい．グローバルにオープン化したIT技術はその人材を育成したとし

てもそのメリットは GAFAM などの巨大 IT 企業のサプライチェーンに還流されるだけになりかねない．ベトナムだけでなく，IT 人材を育成するならば自社のサプライチェーン上になんらかの将来メリットが還流する仕組みを構築する必要があるだろう．トヨタやホンダ以外でも製造業の一部の会社の取り組みではあるが，技術を学びに来日した技能実習生のうち，勤務評価が高い人物を将来の幹部候補生として数年後にベトナムの現地工場へ異動させる事例がある．いわゆる人材の日越環流であり，日本式の業務手順を覚えたベトナム人がベトナム語でベトナムの工場勤務者に指導できる点は日本式の技能を広げることにつながる．

　また，IT 産業であれば日本でプロダクトやサービスを展開し，ベトナムで開発をおこなっている企業においては日本とベトナム間での人材交流が盛んである．実際に日本のフィンテック企業や E-コマース企業では日本語という言語の縛りを撤廃し，エンジニアの公用語を英語にすることによりこのような取り組みが実現可能となっている．最近ではベトナム人の IT 技術の高まりによって，ベトナムで雇用されたベトナム人が日本で駐在員として幹部人材になるケースもある．少子高齢化が進む日本においては若く優秀な IT 人材の獲得は大きな課題であり，ベトナム人材の活用，また開発拠点の 1 つとしてベトナムが重要な役割をになっている．ただし，ベトナムの IT 人材も無尽蔵にいるわけではないため，将来的に国際間，企業間での獲得競争が現在より激化することが多いに予想される．ただ単に安価な労働力を求めて進出をする IT オフショア企業などは長期的な人材開発戦略がとりづらく，人件費高騰と相まって，将来的に人材獲得が難しくなっていくであろう．

7. おわりに

　本章では，ベトナムに進出した日本企業がベトナムにおける戦略を達成するためのベトナム人材獲得戦略を考察することが目的であった．「SEDS 2011

〜2020」よって，外資導入の経済発展が目指されたため日本企業の多くがベトナムへの進出し，多くのベトナム人材を雇用してきた．さらに「SEDS 2021〜2030」により現在多くの国の企業がベトナムに進出してベトナム人材の獲得を目指している．日本企業もその1つであるため，人材獲得の競争激化という厳しい経営環境に直面している．

本章では，ジェトロ（2024）のレポート「深刻化する人材確保の課題，多様な人事施策の検討がカギ（ベトナム）」を参照しながら日系企業がとるべきベトナム人材獲得戦略を考察した．

先にのべた日系自動車メーカーは，日本国内の工場にOJTで人材を送りこみ，日本の優れた生産技術を習得させている．これらの車は比較的耐用年数が長く10年以上使用されるため，メンテナンス工場の人材育成にも力をいれている．日本の整備工場にベトナム人材を活用して育成している．また，ベトナムの大学などに整備士育成の講座を設置したりしている．生産工場，整備工場の品質と効率を高めることのできる人材を育成し，ベトナム国内での自動車産業の発展に貢献している．日系自動車メーカーが育成した人材が新車販売ディーラーにも中古車整備工場にも多数存在するため，日系自動車メーカーの人気が根強い．これらの根強い人気は，自動車産業やバイク産業の中古車整備まで含めた自動車産業のサプライチェーン全体をすそ野から支えるベトナム人材を長期的に育成する戦略がもたらしている．

また，サムスンは日本の自動車産業がおこなっているベトナム人材育成と同様にエレクトロニクス産業のサプライチェーン全体のすそ野を支える人材育成をすることによって，根強いファンを育てている．

しかしながら，これら日系自動車メーカーやサムスンと比較して，多くの日本企業はベトナムにおいて短期的な人材獲得施策に終始している姿がみえてくる．ベトナムでの人材獲得戦略として，ベトナムに産業のサプライチェーン全体を構築しながら同時に，そのサプライチェーンのすそ野を支える人材を育成する必要があるだろう．ベトナムの産業発展に貢献してこそベトナムの優秀な人材が獲得できるのであろう．これはベトナムに限らず進出国での

人材獲得戦略として普遍性をもつだろう．

　本章は筆者の1人である越前谷がベトナムに日系人材紹介企業の現地法人社長として2013年から2024年までの10年間，ベトナム人材の成長と変化を日々感じてきたことがベースになっている．本章はその経験をもとに考察したものである．そのため筆者の主観にもとづく点が多々あるが，ベトナムでの人材ビジネスの日常の事実にもとづいている．本章の考察が日系企業の人材獲得戦略に少しでも役にたてば10年の経験が無駄ではないと安心できる．

　謝辞　筆者の1人である越前谷はベトナムに現地法人社長として赴任する前に2009年から2011年まで，中央大学専門職大学院戦略経営研究科の丹沢安治教授の研究室に所属した．その学びが10年にわたるベトナムでの現地法人経営に十二分に活かされた．丹沢先生に謝意をしめす．また，本研究は筆者の野間口が受けた中央大学特定課題研究費の支援によりおこなった．

参 考 文 献

日野自動車（2023）「インテグレートレポート2023」https://www.hino.co.jp/corp/for_investors/pdf/integrated_report/integrated_report_2023.pdf，（2024年4月19日参照）

ホーチミン日本商工会議所（2024）「会員企業数推移，ホーチミン日本商工会議所ホームページ2024年3月末時点」https://jcchvn.org/history/index.html，（2024年4月19日参照）

ジェトロ（2021）「ビジネス短信 第13回共産党大会の決議を公表，2045年に先進国入り目指す（ベトナム）」https://www.jetro.go.jp/biznews/2021/03/655398b95c700912.html，（2024年4月19日参照）

ジェトロ（2024）レポート「深刻化する人材確保の課題，多様な人事施策の検討がカギ（ベトナム）」2024年3月21日，https://www.jetro.go.jp/biz/areareports/special/2024/0303/c298ce3b1db12890.html，（2024年4月19日参照）

ジェトロベトナム 教育（Edtech）産業調査（2021），https://www.jetro.go.jp/world/reports/2021/02/db6cdef49e854b9a.html，（2024年4月19日参照）

日刊自動車新聞（2012）「ベトナム人整備士採用・育成へ ホンダ東京西で特定技能」2021年11月24日，https://www.netdenjd.com/articles/-/258891，（2024年4月19日参照）

NCネットワークベトナム（2023）「サムスンがテクノロジー人材育成プログラム Samsung Innovation Campus 2023-2024を開始」エミダスマガジン2023年10月20日，https://emidas-magazine.com/ja/news/20102023-1070，（2024年4月19日参照）

NNA ASIA（2019）「日野，ハノイ工科大など2校にトラック寄贈」（2019年5月24日

記事参照)

在ベトナム日本大使館 (2012)「ベトナムの社会・経済戦略概要 社会経済発展 10 か年戦略 (2011-20年)」https://www.vn.emb-japan.go.jp/jp/economic/economic_vietnam_senryaku.html, (2024 年 4 月 19 日参照)

第6章

衰退産業の中小企業プラットフォーム戦略に関する考察
―― 刺繍会社ミノダを対象として ――

松吉 由美子
野間口 隆郎

1. はじめに

　本章の研究対象である株式会社ミノダ（以下ミノダ）の基幹事業は繊維産業の刺繍加工をおもにおこなう川下部分の業態にあたる．刺繍加工をおこなう企業はおもに家内工業が少し大きくなった規模の中小企業に属する．本章の執筆者の1人である松吉は現在ミノダの社長を務めている．その前提でいえば，本章は実務的考察が中心である．本章は2013年に松吉がミノダを研究対象として執筆した中央大学ビジネススクール修士論文で描いた戦略がどのように実行されたかを検証するものである．このように現場において主体として戦略を実行しその戦略の有効性を検証する方法はアクションリサーチと呼ばれる．本章は松吉の修士論文にアクションリサーチを追加し全体の構成を大幅に変更した論考である．中央大学ビジネススクールの修士論文をもとに実行された戦略はその後，衰退する繊維産業のなかでミノダを事業拡大，成長軌道に乗せてきた．その戦略の検証結果の考察することが本章の目的である．
　繊維業界はかつて日本の中心的産業であったが，規模の経済により生産拠

点が日本から中国へと移行していった．刺繍業界もその流れを受けて，刺繍加工の需要が激減し，衰退の一途を辿っている（中小企業白書 2014）．

　昨今中小企業を取り巻く問題はこれだけに限らず，少子高齢化，事業承継，資源も限られている．ミノダでもこの問題は大きく占めている．また，刺繍業界も中小企業の集合体であるため，同じような問題が起こっている．さらに，日本の社会や経済は通信を中心にして高度に発達し，市場もグローバル化が進み，中小企業を取り巻く環境が著しく変化していった．

　しかし，このような環境のなか，プラットフォームビジネスを活用し，成長をつづける中小企業がある．たとえば株式会社陣屋（以下陣屋）は宿泊顧客のニーズと旅館の在室や中居さん・従業員とをコネクトできるプラットフォームをつくった．また，ラクスル株式会社（以下ラクスル）は印刷業の休んでいる印刷機と顧客の注文をコネクトできるシェアリングエコノミーのプラットフォームをつくった．

　プラットフォームビジネスは世界的に同じ環境にある先進国において，日本よりも先に進んでいる．たとえば，Uber Technologies Inc.（アメリカ合衆国，サンフランシスコ　以下Uber）はスマートフォンを利用した配車サービスであるが，ドライバーはタクシードライバーではなくUberに登録した一般人である．Uberは配車のサービスはするが，ドライバーや車はもたない．配車を希望する顧客と空いた時間に少し稼ぎたいドライバーとのニーズをコネクトするプラットフォームを運営している．また，Airbnb Inc.（アメリカ合衆国，サンフランシスコ　以下Airbnb）も通信を利用して宿泊を希望する顧客と空いた部屋を貸したい人のニーズをコネクトさせた．Airbnbも宿泊施設を運営していない．宿泊のニーズをコネクトするプラットフォームビジネスを運営している．これらのプラットフォームビジネスにより，限られた資源にあらたな資源を掘り起こしてサービスをコネクトすることが可能になった．

　このようなプラットフォームビジネスが中小企業のあらたな活路となりえるだろうか．プラットフォームやそれを取り巻くエコシステムを考察し，ミノダのコアビジネスにプラットフォームを取り入れ，エコシステムを形成し，

継続し発展するためには何をするべきかを考察する．

　刺繍業界の伝統的なビジネスモデルはなぜ低迷し，発展ができないのか．継続し発展するためには何が必要なのか．中小企業においてプラットフォーマーとしてそれまでのビジネスモデルを変容し，発展している企業がある．そこに何らかのヒントを見出し刺繍業界やミノダにあてはめるための戦略を策定し，それを実行して結果を検証していくことが本章の研究目的である．

　また，中小企業といっても一言でまとまるものではない．日本における中小企業の割合は実に99.7％も占めているからである（中小企業白書 2017）．そこで，中小企業の概要とミノダの中小企業内での位置を把握し定義づける．

　本章では中小企業における代表的なプラットフォーマーとして「株式会社陣屋」「株式会社NCネットワーク」「ラクスル株式会社」「akippa株式会社」を取り上げ，インタビューで得られた一次データと文献などによる二次データによって考察し，ミノダにおけるプラットフォーム化とそれによるエコシステム形成の戦略を策定する．そのうえでその戦略を実行しその戦略の実行結果を検証する．

2. 先 行 研 究

(1) 中小企業における伝統的な共同事業体

　はじめに，中小企業における共同事業について概観する．これまで業界の組合や共同事業体は多数存在した．

　「中小企業が，創業・新事業展開・経営革新をはかるために，技術・情報・人材などお互いの不足する経営資源の相互補完をはかるため，中小規模の事業者，勤労者などが，組織化し，相互扶助，協同して事業に取り組むことによって，共同購入事業，共同生産・加工事業，共同販売事業，共同金融事業など各種の共同事業を実施するものである」（中小企業白書 2018）．

しかし，これらの共同事業体では中小企業における諸問題が解決していない．よって，これらの諸問題を解決すべくあらたなネットワークや共同体が必要になり，それらがプラットフォームビジネスやエコシステムの形成になったと考えられる．

(2) プラットフォームビジネス

「プラットフォームは取引を円滑化することによって，価値を創造する．

直線的なビジネスが，商品やサービスをつくることで価値を生み出すのにたいして，プラットフォームはつながりを作り，取引を「製造する」ことで価値を生み出す．

たとえば，GM は自動車をつくるが，ウーバーはドライバーと乗客の取引をつくる．ただし輸送そのものをするのではなく，ドライバーと乗客のつながりと，両者間の価値交換を円滑にする」機会を創出している（モサド，ジョンソン 2018)．

本研究では，日本におけるプラットフォームビジネスとして「株式会社陣屋」「株式会社 NC ネットワーク」「ラクスル株式会社」「akippa 株式会社」に注目した．これらは，元々からその業界に属していた企業がプラットフォーマーとして中核に立ち，プラットフォームを運営している場合と，異業種からプラットフォーマーとして参加し，運営している企業である．何れも成り立ちは違うが，プラットフォーマーとして成功している企業である．

(3) ビジネス・エコシステム

エコシステムとは，Moor (1993) によって生態学のアナロジーとして提唱された概念である．プラットフォームを中心とした中核企業，供給業者，補完業者，顧客などの複合産業における多様な主体から構成されるネットワーク，あるいは価値連鎖のことである（横澤 2013)．

プラットフォームだけにとどまらず，多様な企業が協力しあうことで単一企業では創造できないような価値が生み出される．これらは，既存の産業境

図1 ビジネス・エコシステム

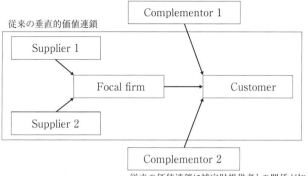

出所：椙山，高尾（2011）「エコシステムの境界とそのダイナミズム」より筆者作成

界を再編することを意味する（図1）．

(4) プラットフォームとエコシステム

「エコシステムはすべての人々，ビジネス，組織その他を含んでおり，その参加者は相互に関連しあってプラットフォームが生み出す価値に影響を及ぼす．

たとえば，マイクロソフトウィンドウズ（プラットフォーム）のエコシステム（図2）にはコンピューターメーカーとソフトウェア開発会社をはじめ，マウスパッド，キーボード，DVD，電源その他の部品提供企業，トレーニングとメンテナンスサービス提供企業などを含んでいる」（Evans 2016）．

図2 マイクロソフトウィンドウズを取り巻くエコシステム

出所：Windowsディベロッパーセンター HPを参考に筆者作成

これらのように，プラットフォームに補完企業やさまざまな参加者が加わった共同体がエコシステムである．さらには，プラットフォームを維持し発展するためにエコシステムがあると考えられる．

(5) 戦略策定のためのリサーチクエスチョン

これまでの先行事例および理論的研究をもとに，以下の4つのリサーチクエスチョンを設定した．

【リサーチクエスチョン1（RQ1）】
中小企業のコアビジネスのプラットフォーム化には何が必要か

中小企業は諸問題を抱え，危機的な状態にある．先行レビューでものべたように，日本における中小企業のなかでもプラットフォームビジネスを取り入れ危機を脱しているモデル企業が数社ある．それらの一次データや二次データを考察するために，まずは必要としているものは何かを調査する．

【リサーチクエスチョン2（RQ2）】
中小企業のコアビジネスのプラットフォームの成功要因は何か

調査対象で取り上げた成功したプラットフォームビジネスを考査し，その成功要因を調査する．さらに，プラットフォームビジネスがあらたな関係性を築けたとしても，それが継続し発展できるわけではない．発展を遂げた成功の要因は何かを調査する．

【リサーチクエスチョン3（RQ3）】
中小企業のコアビジネスのプラットフォーム化の障壁は何か

中小企業のプラットフォーム化といってもすべての企業にあてはまるわけではなく，実際にプラットフォーム化を取り入れているもしくはプラットフォームビジネスとして参入して成功している企業は数える程度である．なぜプラットフォーム化できないのか，なぜプラットフォームビジネスに参入

できないのか，その問題点を調査する．

> 【リサーチクエスチョン 4（RQ4）】
> ミノダのコアビジネスにプラットフォームを導入した場合の構造は何か

　刺繍業界は中小企業の中央値に位置する．中小企業のプラットフォーム化の成功例を調査し，刺繍業界やミノダのコアテクノロジーをプラットフォーム化して，さらにエコシステムの形成できるか，その構造を考察する．

3. 考　　察

　ここでは，Christensen and Carlile (2009) の "Course Research: Using the Case Method to Build and Teach Management Theory" にもとづき，文献やインタビューなどによる事例研究を通じて，解釈モデルを構築する手法を採用した．
　図3のとおり，本手法は二段階で構成されている．
　第1段階では問題意識にしたがって，選択された事例を文献やインタビュー

図3　記述的理論から規範的理論への構築

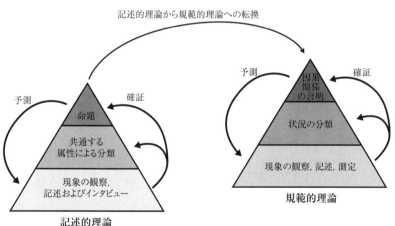

出所：Christensen and Carlile (2009)；丹沢，宮本 (2017) より著者作成

によって観察・記述し，質的データを入手する．それらのデータに共通する属性を見出して分類し，命題（相関関係）を抽出することによって記述的理論を導き出す．

第2段階において，導き出した記述的理論を相関関係から因果関係の言明に定式化し，その解釈モデルを構築して規範的理論を導き出した．

仮説構築プロセス（記述的理論から規範的理論への転換）を構築するうえで，アブダクションの手法を用いた．アブダクションとは（Peirce 1873）が提唱した形式である．観察された事実を「驚くべき事実」として前提し，その事実が生じる理由を説明する因果関係メカニズムを科学的仮説や理論として発案・発見する推論である（丹沢，宮本 2017）．

(1) データの出所

研究対象が中小企業（刺繍業界やミノダ）におけるプラットフォームビジネスであることから，一次データは表1にしめすように中小企業でプラットフォームビジネスの展開が成功している4社の情報を集め，他2者は補完企業であり，プラットフォームを発展するためのエコシステムの構成に必要な情報である．

表1 インタビュー対象者一覧

No.	企業	概要	担当業務	役職	実施日
1	伝統的産業 A社	業界内企業があらたにプラットフォームビジネスを誕生させた	経営	経営者	H30年11月25日
2	伝統的産業 B社	業界内企業があらたにプラットフォームビジネスを誕生させた	経営	経営者	H30年12月3日
3	ベンチャー企業 C社	プラットフォームビジネスとして業界に参入	広報	マネージャー	H30年12月4日
4	中小企業の支援 D社	NPO法人 支援をする補完企業	営業	課長	H30年12月10日
5	大学教員E	―	研究	教授	H30年12月11日
6	ベンチャー企業 F社	プラットフォームビジネスとして業界に参入	経営	経営者	H31年1月9日

出所：筆者作成

二次データでは先行文献で前述した公開されている資料（文献，記事など）を含め活用した．

(2) 命題の抽出

ここでは，2節5項において設定したリサーチクエスチョンにたいし，インタビューなどによる一次データと二次データを分析し命題を抽出した．

リサーチクエスチョンごとに結果をまとめ，解となる命題を抽出する．

命題1 中小企業のコアビジネスのプラットフォーム化には何が必要か（RQ1）

中小企業はさまざまな問題を抱えている．これらの危機的状況を乗り越えた企業にプラットフォームビジネスを取り入れた企業がある．成功した企業において，プラットフォーム化するには何が必要であったのか考察する．

〈一次データ〉

プラットフォーム化が成功した企業や業界は，それ以前は垂直統合型の企業であったため，企業内だけではリソースや関係性が限られていた．これらの限られたリソースや関係性を打開するためにはあらたな関係性やリソースの交換や共有が必要であった．そのため，プラットフォーム化する必要があった（伝統的産業A社，ベンチャー企業C社）．

焦点企業はプラットフォーマーとして業界に参入したが，その業界は多重下請け構造などになっている業界であった．これらの構造では収益の源泉が限られているため，それ以上の発展はないように思われる．よってこれらの垂直統合型から水平分業に変える必要があり，水平分業によって各企業の得意な分野を活かせるネットワークの構築が必要であった（ベンチャー企業C社）．

ネットワークの構築であれば，伝統的な組合や共同受注のかたちでも良いのではないか（大学教員E）しかしながら，組合や共同受注とは地域が限定的であるため，地域を越えた参加者によって活性化されたネットワークが必要となる．それがプラットフォームビジネスというかたちであった（伝統的産業

A社，B社，ベンチャー企業C社）．

　既存のビジネスモデルでは限定的であるため，あらたな関係性をもつ地域を越えた企業をコネクトするプラットフォームビジネスにはICTを取り入れることが必要であった（伝統的産業A社，ベンチャー企業C社，ベンチャー企業F社）．

　ICTを取り入れることで業界の不便が解消される．注文や受注から決済やサービスの受け取りまで人を介さずにすべてオンライン上でおこなえる．人とサービスをコネクトすることにより，人的間違いが無くなり，スピーディーにサービスを受けることができるようになった（ベンチャー企業C社，ベンチャー企業F社）．

〈二次データ〉

　ラクスルでは図4にしめすように産業ごとのシェアリングプラットフォームを創出している．これらは大企業を中心とした垂直統合で成立していた産業構造を，プラットフォームを中心として水平分業された産業構造に変革することを意味している．

　印刷業界はおもに多重下請け構造になっており，企業ごとに販売機能と製造機能を有している製販一体の構造である．しかし，ラクスルがプラット

図4　産業ごとのシェアリングプラットフォームの創出

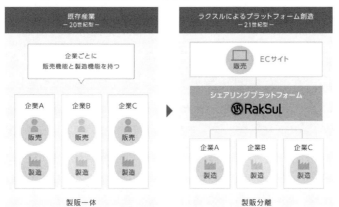

出所：ラクスル株式会社　2019年7月期第1四半期　決算説明会資料

フォーマーとして参画し，ICT を取り入れ，印刷業の一部ではあるが製販分離のプラットフォーム化を成功させた．ラクスルのプラットフォーム化に必要な要因は ICT 化によるネットワークの構築である．

以上の観察結果からつぎの命題を抽出した．

命題 1-1
中小企業のコアビジネスのプラットフォーム化は地域を越えた参加者が必要となる．

命題 1-2
ICT の導入が参加者とモノやサービスをコネクトする．

命題 1-3
ICT の導入が地域を越えた参加者をコネクトする．

命題 2 中小企業のコアビジネスのプラットフォーム化の成功要因は何か (RQ2)

日本において成功したプラットフォームビジネスを考査し，その成功要因を調査する．さらに，プラットフォームビジネスがあらたな関係性を築けたとしても，それが継続し発展できるわけではない．発展を遂げた企業の成功の要因は何かを調査する．

〈一次データ〉

伝統的な産業は少子高齢化による働き手の減少を補うため，あらたにリソースを確保する必要があった．それらを解決するのがプラットフォーム化であり，ICT 化によってリソースを共有できるシステムが構築できた（伝統的産業 A 社）．

伝統的な産業や多重下請け構造の業界がプラットフォーム化することにより，あらたにエコシステムが形成された．これらの新しい関係性の創出が業界内を活発にしてあらたな利益の創出ができるようになった（伝統的産業 A 社，

ベンチャー企業 C 社).

　多重下請け構造のため，元請けからの受注中心の構造であったが，プラットフォーム化することにより，元請けからの受注以外に自社の強みを活かすことができるようになった．下請けから脱却することにより，かたちを変えて生き残れるようになった（ベンチャー企業 C 社).

　業界における課題の解決により，プラットフォームの参加者が増える．プラットフォームの参加者が増えることによって，さらにプラットフォーム化が活性化し，プラットフォームを中心としたあらたなビジネスが創出される．その創出されたビジネスによってさらに関係性が増してエコシステムとなる（ベンチャー企業 F 社).

　プラットフォーム化することにより，エコシステム内の参加者の立場が変わることがある．たとえば，当該企業の競争相手がリソースを共有することにより補完企業になり得ることがある．さらには，リソースの共有により，補完企業も共有され，より大きなエコシステムが形成され，業界全体が発展していく（伝統的産業 A 社).

〈二次データ〉

　陣屋グループでは図5にしめすよう陣屋コネクト（陣屋のプラットフォーム）導入施設同士がネットワークをクラウド経由で結びエコシステム（JINYA EXPO）を形成している．これらは過不足が発生する食材・備品・人材・集客などのリソースを旅館施設同士で交換し相互に連携できるネットワークである．通常，旅館業同士は競争相手であるため，プラットフォームビジネスが成り立つことが少なく，リソースの交換やエコシステムの形成には程遠い．しかし「集中購買の仕組みを自動化して，手間なく調達力を強化したり，繁忙期の異なる旅館間で労働力の融通をはかるなど，地方旅館では単独では解決できないような課題を旅館同士で連携，交換，助け合いをできる仕組みを構築することで，課題解決の一助となった．」（陣屋コネクト HP）

　JINYA EXPO が陣屋コネクトというプラットフォームを取り囲むエコシス

図 5 旅館同士のたすけあいネットワーク『陣屋 EXPO』

出所：陣屋コネクト HP

テム形成戦略となる．参加者である競争相手の旅館業でもリソースの交換という部分では補完企業となっている．

また，ラクスルにおいても「全国の提携印刷会社の保有する印刷機の非稼働時間で印刷することにより，高品質な印刷物を低単価で提供できる仕組みを開発」（ラクスルHP）とあるように業界内のリソースを無駄なく利用することでプラットフォームビジネスを構築している．

以上の観察結果からつぎの命題を抽出した．

命題 2-1
単一の企業がプラットフォーム化することにより，あらたな関係性が創出される．

命題 2-2
繁閑期や急な受注に対応できるリソースの交換ができる．

命題 2-3
関係性が活発になると，新しい取引の関係が創出される．

> 命題 2-4
> プラットフォーム化によって，エコシステム内の競争企業・補完企業それぞれの立場が変わる場合がある．

命題3 中小企業のコアビジネスのプラットフォーム化の障壁は何か（RQ3）

中小企業のプラットフォーム化と一言でいってもプラットフォーム化にたいする問題点はないのか．あるとするならどういった問題点があるのか，プラットフォーム化に成功した企業を分析し，どのような問題があったのかを調査する．

〈一次データ〉

業界が活発ではなく，多重下請け構造の企業においても一定の収益があるため，プラットフォームビジネスへの移行の利点がなければあらたな領域に踏み出せない（ベンチャー企業C社）．

参加者を確保しなければ，プラットフォームは形成できないし，そこで成功企業ではプラットフォームを形成するためさまざまな方法で参加者を増やしていく方法をとった．たとえば，あらたにプラットフォーマーとして参加する場合，プラットフォーマーは敵ではないと各社のトップ同士で話し合いをもつことにした．このような「トップと語る」という方法で関係性を築いた（伝統的産業B社，ベンチャー企業C社）．他には，参加者を募るために，会員費を無料にしたり，Faxなどで受付をするなど，入会しやすいように，軌道に乗るまでプラットフォーマー側が手間をかけた（伝統的産業B社）．

元々その業界内に属している伝統的産業A社は，業界の現状や問題点が多くあった．A社の問題点はたとえば，立地の条件の悪さのため，顧客が激減し収益が下がる一方であった．これらの問題を解決するために集客して収益を上げることが急務とされた．これらの問題は業界内の共通の問題であった．問題を解決し，収益を上げるにはリソースの共有が必要不可欠ではないかと考え，助け合いの精神から生き残りをかけて何とかあらたな関係性を構築し

た．それがその業界内のプラットフォームであり，そのプラットフォームが業界内の問題点の解決の糸口となった（伝統的産業A社）．

プラットフォーム化によってあらたな関係性を築いたとしても，そのシステムが成功するとはかぎらない．プラットフォーマーとして業界に参入する場合，その業界の「潜在的業界価値があるか」「業界がICT化できるか」「プラットフォーム化によって業界の課題を解決できるか」という視点で考察し参入した．結果としては，業界の課題を解決してプラットフォーム化し，それによりエコシステムが形成された（ベンチャー企業C社）．

また，業界内にプラットフォーマーとして参入した場合，既存の事業を同時におこなっていては競争相手が増えるだけになり，プラットフォームとして成立しない．したがって，同じ事業をおこなわない．プラットフォーマーは決して敵ではないと信頼してもらう必要があった（ベンチャー企業C社，ベンチャー企業F社）．たとえば，プラットフォーム内の企業にオペレーションを派遣して工場の効率化をはかり改善を手伝うことで企業をエンパワーメントしている．さらにICT化を進めてプラットフォーム内でのコネクトを地域を超えたものとした（ベンチャー企業C社）．

〈二次データ〉

ラクスルでは図6にしめすように，BtoBプラットフォームとして大きな潜在的事業機会を考え，業界にプラットフォーマーとして参入している．たとえば，印刷業界には国内商業および事務用印刷市場として3兆円の潜在的市場価値があり，国内広告市場では5兆円の潜在的市場価値がある．よって印刷業界の潜在的市場価値は合計8兆円と考えられている．

ラクスルがつぎに手がけている国内トラック物流市場も同じく14兆円の潜在的市場価値があると考えられているので，業界のプラットフォーマーとして参入している（ラクスル株式会社 2019）．

印刷業界は多重下請け構造や大企業を頭にした垂直統合型の業界である．単一企業では印刷業界の潜在的市場価値が高いものであっても業界全体とし

154

図6　BtoB プラットフォームとしての大きな潜在的事業機会

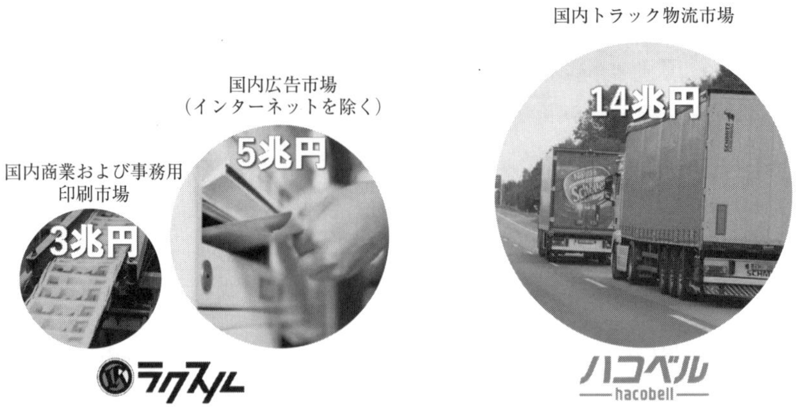

国内商業および事務用印刷市場
3兆円

国内広告市場
(インターネットを除く)
5兆円

ラクスル

国内トラック物流市場
14兆円

ハコベル
hacobell

出所：ラクスル株式会社　2019年7月期第1四半期　決算説明会資料

図7　ラクスルのプラットフォーム

お客様
印刷を安く，簡単に注文できる！

注文 → ラクスル → 発注

印刷会社
印刷機の稼働時間が増える

出所：ラクスル HP

て捉えることができない．下請け構造のなかでは一定の収益があるため，リスクを犯してまでその構造から離れることはしない．

　図7はラクスルのプラットフォームである．垂直統合型ビジネスから水平分業に変革したことにより，顧客と印刷会社とがラクスルのプラットフォームを介してコネクトされている．これにより中間マージンを省き，さらに印刷機の空き時間を使って印刷することにより高品質で低価格なサービスを提供できることとなった．既存のビジネスモデルから脱却し，リスクをとって

でもプラットフォームに参加することが企業の有益になることがわかった．
　以上の観察結果からつぎの命題を抽出した．

命題3-1
中小企業のコアビジネスのプラットフォーム化は新規ビジネスとしてのリスクがともなう．

命題3-2
プラットフォーマーはプラットフォームを運営し，参加者全体に利益が創出される仕組みを構築しなくてはならない．

命題4　ミノダのコアビジネスにプラットフォームを導入した場合の構造は何か（RQ4）

　ミノダは刺繍業界の一企業であり，刺繍業界は中小企業の中央値に位置する．中小企業のプラットフォーム化の成功例を調査し，刺繍業界やミノダのコアテクノロジーにあてはめてプラットフォーム化した場合，その構造はどのようなものか，さらにエコシステムの形成はできるか，その構造を調査する．

〈一次データ〉

　ミノダの属する刺繍業界は先にのべたように中小企業の抱えている諸問題がある．少子高齢化による働き手の減少においてはICT化による効率化が必要となる（伝統的産業A社，ベンチャー企業C社）．さらに，プラットフォーム化によるあらたなエコシステムの関係性の構築で収益の拡大と企業の継続と発展が可能になる（伝統的産業A社，ベンチャー企業C社）．継続と発展が見込める企業は社会的にも魅力のある企業となるのであるから，承継したい企業となり，その企業の発展は事業承継問題の緩和となり得る（大学教員E）．

　業界の抱える課題を解決し，刺繍業界全体が発展するためには，限定的な既存の関係性を解消し，あらたな産業構造の再編が必要となり，それがプラットフォーム化である（ベンチャー企業C社）．

〈二次データ〉

　ミノダは十数年前まで自社の加工場をもち、オペレーターによって刺繍加工がされていた。これらは労働集約的ビジネスモデルであり、加工の数量によって機材とオペレーターを増やす必要があった。

　加工の数量が増加する一方であれば問題はなかったのだが、川下に位置する企業としては川上の業界が不景気になると、その煽りを受けるようになった。さらに、少子高齢化によって、オペレーターのなり手も激減していった。

　そこでミノダは社内で刺繍加工をおこなうのではなく、ミシンの機材とオペレーターを社外にもつ外注契約を結び、積極的にオペレーターの育成に努めた。ミノダは刺繍の一企業ではあるが、社内で刺繍加工をおこなうより提携工場に刺繍を委託する外注の割合が多い。事業が拡大した時期に家内工業からは脱却して外注化を進めているが、まだ川下の産業の一部であることには変わりなく、中小企業が抱える問題も多く存在している。

　図8はミノダの現在のビジネスモデルである。加工業務を外注化しているが、このビジネスモデルは単一企業のビジネスモデルであって、刺繍業界全体がコネクトされているわけではない。

　一次データと二次データにより、中小企業のビジネスモデルのプラット

図8　ミノダの現在のビジネスモデル

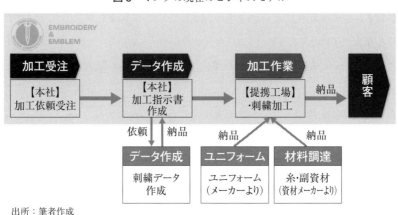

出所：筆者作成

フォーム化のシステムはミノダの属する立場や業界の構造に良く似ている．中小企業のプラットフォーム化が成功した企業を比較観察し，ミノダにおき換えるとすると，つぎのような命題が抽出される．

命題4
ミノダのコアビジネスのプラットフォーム化は刺繍業界にあらたな関係性を構築し再編をもたらす．（産業境界の流動化）

インタビューによる一次データと先行研究をもとに抽出した命題を下記のように一覧として表2に整理した．

(3) 記述理論
表2の抽出した命題から，以下のように記述的理論を作成した（図9）．

表2　リサーチクエスチョンと命題のまとめ

	リサーチクエスチョン	命題
RQ-1	中小企業のコアビジネスのプラットフォーム化には何が必要か	命題1-1　中小企業のコアビジネスのプラットフォーム化は地域を越えた参加者が必要となる．
		命題1-2　ICTの導入が参加者とモノやサービスをコネクトする
		命題1-3　ICTの導入が地域を越えた参加者をコネクトする
RQ-2	中小企業のコアビジネスのプラットフォーム化の成功要因は何か	命題2-1　単一の企業からプラットフォーム化することにより，新たな関係性が創出される
		命題2-2　繁閑期や急な受注に対応できるリソースの交換ができる．
		命題2-3　関係性が活発になると，さらに新しい取引の関係が創出される
		命題2-4　。プラットフォーム化によって，エコシステム内の競争企業・補完業者それぞれの立場が変わる場合がある
RQ-3	中小企業のコアビジネスのプラットフォーム化の障壁は何か	命題3-1　中小企業のコアビジネスのプラットフォーム化は新規ビジネスとしてのリスクがともなう．
		命題3-2　プラットフォーマーはプラットフォームを運営し，参加者全体に利益が創出される仕組みを構築しなくてはならない．
RQ-4	ミノダのコアビジネスにプラットフォームを導入した場合の構造は何か	命題4　ミノダのコアビジネスのプラットフォーム化は刺繍業界にあらたな関係性を構築し再編をもたらす．（産業境界の流動化）

出所：筆者作成

図 9　刺繍業界のビジネスモデルと現状

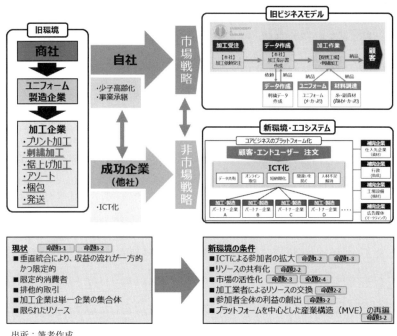

出所：筆者作成

　ミノダは刺繍をおこなう企業である．図9の旧環境にあるように，刺繍業界は垂直統合化されたビジネスモデルの下請け部分の加工をおこなっている．

　商社はユニフォームを海外などで安く大量に生産するが，大量に生産された加工無しで無地のユニフォームは単体ではあまり販売しない．ユニフォームに企業名をつけてその企業オリジナルにして販売するからである．各企業のオーダーに合わせるには，プリント加工・刺繍加工・裾上げ加工などの加工が必要になる．

　商社がつくるユニフォームの大量生産は低廉な人件費のため海外に生産拠点が移ったが，各企業向けの細かい後加工までは海外に移行することはできなかった．よって，加工業者は，決まった商品のみを商社から納入して加工し，納品するだけで手間もかからずに安定的な収入を得ることができた．さらに，加工業者みずからがマーケティングや営業によって販路を拡大しなく

ても一定の利益が見込められていたので，その環境の変化を望むことはなく，産業構造を変えるリスクをとることをしなかった（命題3-1）（命題3-2）．

ミノダはその旧環境のなか，他の加工企業と同じように少子高齢化の問題によるオペレーターの人材不足問題の解決策として，加工事業の一部外注化を目指し確立した（旧ビジネスモデル）．これにより，外注管理は増えたが，注文の量によって機材やオペレーターの数を調整する必要がなくなった．しかしながら，これらの外注化は機材とオペレーターを請負契約で結んだ自社内のプラットフォームになり，自社外の企業をコネクトしているプラットフォームではない．

先行レビューや一次データ，二次データにより，中小企業のなかでも成功企業はコアビジネスをプラットフォーム化して，新環境のエコシステムを形成している．これらはミノダのビジネスモデルである市場戦略ではなく非市場戦略を確立している．新環境のエコシステムでは，ICTを取り入れてプラットフォームを形成し，地域を越えた参加者などで拡大をはかっている（命題1-2）（命題1-3）．参加者が拡大することにより，市場が活性化され，（命題2-3）それまで競合の関係にあった企業が補完企業に変わる場合がある（命題2-4）．さらに，活性化されたエコシステム内では参加者によるリソースの交換がおこなわれ（命題2-2），参加者全体の利益が創出されることとなる（命題3-2）．この新環境のエコシステム内ではプラットフォームを中心とした産業構造（MVE）の再編がおこなわれることとなった（命題3-2）．

（4） 解釈モデルの構築

ここまで中小企業のプラットフォーム化における条件やなぜプラットフォーム化にできないのかという問題点や現状を記述的にしめした．これらをもとに，今後のミノダにおけるコアビジネスのプラットフォーム化とそれによるエコシステム形成戦略の解釈モデルを図10にしめした．

諸問題を抱える中小企業やそれに属するミノダにとって，業界の存続と成長は必須の課題である．図9にあるように，旧環境や旧ビジネスモデルでは

図10　ミノダのコアビジネスのプラットフォーム化とエコシステム形成戦略

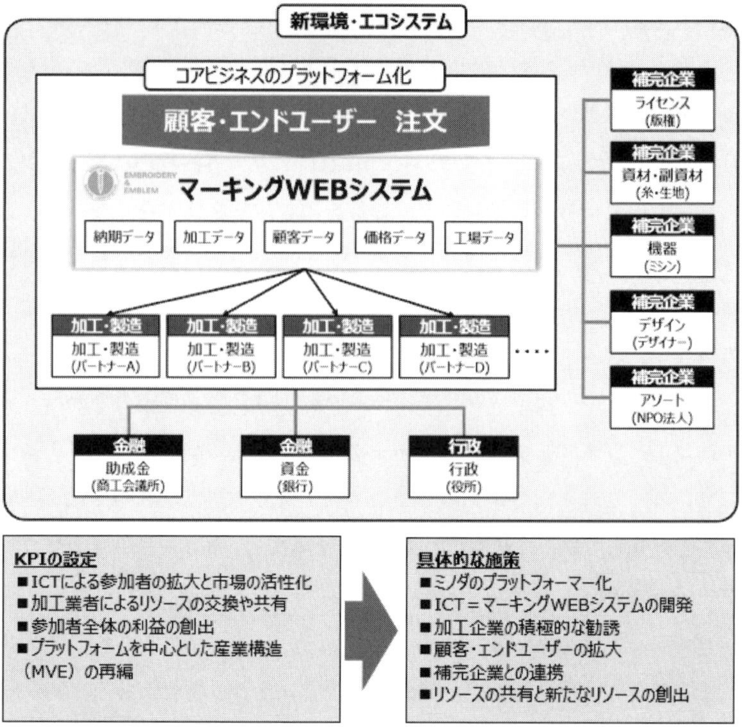

出所：筆者作成

　関係性が限定的であり，それにともなう収益にも限りがある．安定的な一面はメリットではあるが，既存の状態からさらに発展することは難しい．これらの問題を脱して，新しい関係を築いた成功企業に習い，ミノダのコアビジネスをプラットフォーム化し，エコシステムを形成する戦略を検討する．

　解釈モデル図10について解説を加える．

　プラットフォーマーはプラットフォームを運営し，参加者全体に利益が創出される仕組みを構築しなくてはならない（命題3-2）をもとに，ミノダをプラットフォーマーとして中心に考える．

　コアビジネスのプラットフォーム化とそれによるエコシステム形成を構築することを最終的な目標とし，KPIを設定して具体的な施策を考察する．

① ICTによる参加者の拡大と市場の活性化

　ミノダを取り巻く刺繍業界に必要なICTはマーキングWEBシステムである．このシステムは「納期データ」「加工データ」「顧客データ」「価格データ」「工場データ」などである．これらは各加工企業に必要なデータであり，各加工企業単体が紙ベースなどで蓄積したデータであったが，このデータを加工企業同士が共有することは今までなかった．

　具体的な施策としては，各加工企業のデータをICT化するマーキングWEBシステムの開発である．これによりコネクトされた加工企業同士でデータを共有することで既存の関係性を越えた参加者とのつながりができることとなる．

② 加工企業によるリソースの交換や共有

　加工企業が単一の企業で運営している場合，リソースに限りがある．新環境のエコシステムを形成することにより，各加工企業の繁閑期の急な受注に対応できるリソースの交換や共有が国内外に限らず可能になる．

　具体的な施策としては，ミノダをプラットフォーマーとしてエコシステムを形成する．加工企業の積極的な勧誘とエコシステムを形成する参加者の拡大により，限りのあるリソースの交換や共有が可能となる．

③ 参加者全体の利益の創出

　旧環境からエコシステムを形成し，あらたな関係性の構築によって参加者全体に利益を創出しなければならない．

　具体的な施策としては，プラットフォームを中心として，より多くの参加者を巻き込んだエコシステムの形成によるあらたな価値の創造である．

④ プラットフォームを中心とした産業構造（MVE）の再編

　プラットフォームを中心としたエコシステムの形成は既存のビジネスモデルや下請け構造から脱却することであり，産業構造を再編することである．

　具体的な施策としては，ミノダがプラットフォーマーとして関係企業を巻き込み，エコシステムを構築することである．エコシステムの活性化は単体企業では成しえなかった関係性の構築と利益を創出し，業界全体が継続発展することとなる．

刺繍業界のプラットフォーム化とそれによるエコシステムの形成はエコシステムが活性化することにより，一企業では成しえなかったあらたな関係性と利益の創出という価値の共創であり，より多くの成果を上げられることが期待できる．

(5) 含意と提言

中小企業のビジネスをプラットフォーム化することにはリスクがあるが，それを超える利益の創出により地域を越えた参加者が集まる．これらをミノダにあてはめてコアビジネスをプラットフォーム化し，エコシステムを形成する戦略を考察した．

プラットフォーム化とそれによるエコシステムの形成は既存のビジネスモデルからあらたな関係性を構築することで人材を含むリソースの共有，情報データの共有など，単一企業では得ることのできない成果を上げることができる．

これらは，中小企業における少子高齢化の深刻な問題の解決の一手となるのではないだろうか．

また，プラットフォーマーとして事業の形態を変えることにより，企業や周りの業界が活性化することで，魅力のある企業へと成長するのではないかと考えられる．

4. アクションリサーチによる戦略仮説の検証

研究対象である株式会社ミノダはこれまで記述したとおり，その属する伝統的な市場は斜陽産業であり，衰退の一途を辿っている．時代の変化により衰退し，市場規模の縮小がつづいている状態から脱却もしくは復活するために，前述したプラットフォームを活用できるかを検証する．

図11　アクションリサーチ

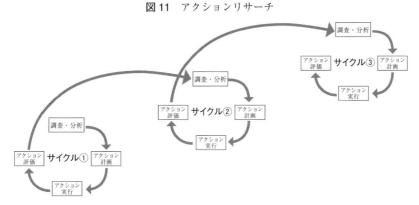

出所：Coghlan and Brannick（2005）より筆者作成

(1) アクションリサーチ方法論の採用

　ミノダのプラットフォーム化を実現するためには，筆者が研究者として実践を通じて現場を変える必要がある．本研究はLewin（1946）が提唱したアクションリサーチの方法論を採用する．ここまでで検討してきた含意と提言にもとづきプラットフォーム化を実現する戦略をミノダは実行してきた．その結果をアクションリサーチとして検証する．

　図11はLewinのアクションリサーチに段階がわかりやすいようにサイクル①〜サイクル③のように段階別に表記した．

(2) 仮　　説

　ミノダをプラットフォーマーとして位置づけるため，SWOT分析からクロスSWOT分析によって仮説を導き出す．

　アクションリサーチの調査・分析を明確にするために，SWOT分析とクロスSWOT分析をおこない，以下のようにサイクル①の調査・分析で考察する仮説を5つ導き出した．

【仮説-1】

　ミノダの最大の強みを発揮できる市場は保育事業者とその施設に子どもを

表3　SWOT分析

<table>
<tr><th rowspan="2">内部環境</th><th>強み（Strength）</th><th>弱み（Weakness）</th></tr>
<tr>
<td>・内製（個別対応可能）
・低価格・短納期が可能
・加工方法が多彩
・プロ仕様で高品質
・入園入学商品の製造
・EC販売のノウハウが豊富</td>
<td>・運営スタッフの不足
・原材料の高騰
・システム開発・運営がつねに必要</td>
</tr>
<tr><th rowspan="2">外部環境</th><th>機会（Opportunity）</th><th>脅威（Threat）</th></tr>
<tr>
<td>・保育事業者への遡及が可能
・システム開発が可能</td>
<td>・異業種からの参入の脅威
・システム開発・運営のコスト増加</td>
</tr>
</table>

出所：筆者作成

表4　クロスSWOT分析

<table>
<tr><th colspan="2" rowspan="2"></th><th colspan="2">外部環境</th></tr>
<tr><th>機会（Opportunity）</th><th>脅威（Threat）</th></tr>
<tr>
<td colspan="2"></td>
<td>・保育事業者への遡及が可能
・システム開発が可能</td>
<td>・異業種からの参入の脅威
・システム開発・運営のコスト増加</td>
</tr>
<tr>
<th rowspan="4">内部環境</th>
<th>強み（Strength）</th>
<th>【積極攻勢】強み×機会</th>
<th>【差別化】強み×脅威</th>
</tr>
<tr>
<td>・内製（個別対応可能）
・低価格・短納期が可能
・加工方法が多彩
・プロ仕様で高品質
・入園入学商品の製造
・EC販売のノウハウが豊富</td>
<td>・保育業者と保護者向けサービス
・個別対応製品×EC販売
・システム開発によりプラットフォームを構築</td>
<td>・既存機材を利用し販売先行による市場の確保
・メーカー直販による市場価格の先導</td>
</tr>
<tr>
<th>弱み（Weakness）</th>
<th>【弱点克服】弱み×機会</th>
<th>【防衛・撤退】弱み×脅威</th>
</tr>
<tr>
<td>・運営スタッフの不足
・原材料の高騰
・システム開発・運営がつねに必要</td>
<td>・既存事業からスタッフを異動
・製造工程のシステム化により人材不足問題を一部解消</td>
<td>・既存事業からスタッフを異動させるとともに社外からの人材登用
・優位性のある期間にプラットフォームを訴求できる
・メーカー直販を活かし市場の拡大をはかる
・補助金利用で資金の調達をおこなう</td>
</tr>
</table>

出所：筆者作成

預ける保護者と位置づけ，販売する商品は施設で園児が使用する持ち物に記名するための商品や記名済の商品とする．

【仮説-2】
　他の事業部から一時的にスタッフを異動する他，複数の事業部に対応するスタッフを配置し，さらにシステム開発により製造工程をシステム化することによって対応することができる．

【仮説-3】
　ST戦略の脅威として異業種からの参入が考えられるが，既存のリソースを使用することで先行者の優位性を後発者が崩すことは容易でないと予測できる．

【仮説-4】
　運営スタッフの不足という内部環境の弱みと異業種からの参入の脅威という最悪の事態を避けるために，異動や新規雇用により人材の不足に対応する．また現場のスタッフ不足にたいしては，製造工程をシステム開発することによって人海戦術を避け，さらにコスト削減を実現する．

【仮説-5】
　異業種からの参入にたいしては先行者利益を最大限に活かして，ミノダを中心とするプラットフォームを確固たるものにすることで対応する．

(3) 市　　場
　ミノダがあらたに進出する市場は保育施設を介して保護者に商品を販売する市場である．
　保育施設が抱える問題として児童の持ち物に記名がされていないため，持ち主がわからず紛失物に対応する保育士に負担がかかることにある．
　保護者側にも共働き世帯の増加により子どもの持ち物すべてに記名する労

力はかなりな負担になっている点が課題となっている．

　これらの課題を解決するため，仮説-1で考察したように記名済みの商品や記名するための商品を製造販売する．

　記名済みの商品とはおもに登園に必須のタオルやゼッケンであり，記名するための商品とは記名されたシールで持ち物に貼るだけの商品である．

　一般的にこれらの商品はGMSや量販店，ECでは楽天市場やAmazonのプラットフォームを利用して販売されているが，ミノダがプラットフォーマーとして販売するために，アクションリサーチ方法論を取り入れ，サイクル①からサイクル③までを実証実験しながら考察する．

(4) サイクル①の調査・分析から計画

　仮説-1で導いた記名済の商品や記名するための商品を，仮説-5のようにプラットフォームを形成した図が図12となる．

　商品，ECの案内，決済の流れとしてつぎのようになる．

1. ミノダと保育施設で契約を結び，保護者が購入する商品を保育施設がEC内で代表して購入・決済をおこなう．
2. ミノダは受注した後，商品を作成して保育施設に納品する．
3. 保育施設は届いた商品を保護者に渡し，商品の代金を集金する．

(5) サイクル①の検証

　サイクル①の調査・分析から計画したプラットフォームを仮説-2～仮説-4

図12　サイクル①におけるプラットフォーム

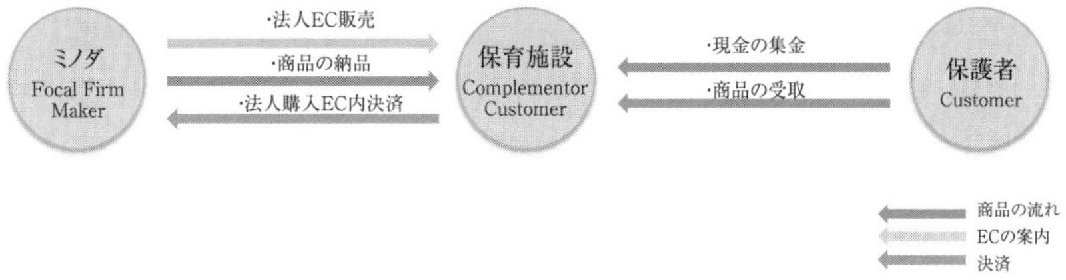

出所：筆者作成

までの人材配置やシステム構築をおこない，保育施設にプラットフォームを導入し商品の販売を実施した．

サイクル①の検証結果として，つぎのようなメリット・デメリットを見出すことができた．

〈メリット〉

1. 保護者は市場価格よりも安価で購入できる．
2. 保育施設は持ち物の記入漏れにたいする雑務が軽減される．
3. ミノダは保育施設から施設単位での受注ができる（大口注文）．

〈デメリット〉

1. 商品を保護者に周知する手間が保育士にかかる．
2. 保護者からの商品代の集金の手間が保育士にかかる．
3. 保護者のメリットに比べ，保育施設のメリットが少ない．
4. 保育施設のメリットが少なく，ミノダと保育施設とのつながりが希薄になる．

これらの結果により，メリットを残しつつデメリットの改善で何ができるかをつぎの調査・分析から考察する．

(6) サイクル②の調査・分析から計画

サイクル①で検証されたデメリットを補うため，以下のようにプラットフォームを変更する．

1. ミノダは各保育施設専用のEC販売の窓口を設け，保育施設専用商品を販売することにより，複数年にわたり受注が可能となる．
2. 保育施設の集金の手間をなくし，ミノダと保護者間でEC内決済が完了できるようにシステムの改修をする．
3. 商品の案内を保護者にダイレクトに訴求できるようにECとシステムの改修をおこなう．

これらの要素を取り入れたプラットフォームが図13である．

図 13　サイクル②におけるプラットフォーム

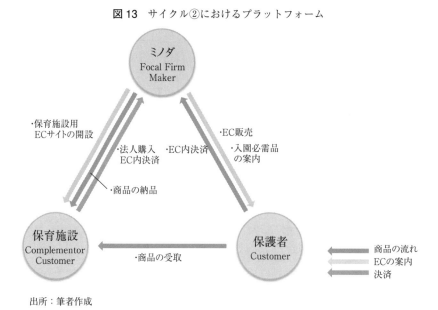

出所：筆者作成

(7)　サイクル②の検証

　サイクル②の調査・分析から計画したプラットフォームをサイクル①と同じように，人材配置やシステム構築をおこない，保育施設にプラットフォームを導入し商品の販売を実施した．

　サイクル②の検証結果として，つぎのようなメリット・デメリットを見出すことができた．

〈メリット〉（1～3はサイクル①と同じ）

1. 保護者は市場価格よりも安価で購入できる．
2. 保育施設は持ち物の記入漏れにたいする雑務が軽減される．
3. ミノダは保育施設から施設単位での受注ができる（大口注文）．
4. 保育施設専用の商品を販売することにより，永続的に販売が可能になる．
5. 集金の手間が省け，オンラインで入金確認がとれる．
6. 顧客である保護者にダイレクトに訴求できる．

〈デメリット〉
1. 園児の多い幼稚園に比べ，保育園は数人の入園になるため，商品発送の際の送料がミノダ側の負担となる．
2. 入園の時期が重なるため，受注増により製造の繁忙が重なる．

これらの結果を分析すると，サイクル①のデメリットはサイクル②のメリットに改善されている．
サイクル③ではこれらのデメリットを調査・分析して，計画・実行をする．

(8) サイクル③の調査・分析から計画
　サイクル②で検証されたデメリットを補うため，プラットフォームはサイクル②と同様に製造工程を改善する．

上記のように3節までで得られた含意と提言を実際にミノダの現場に仮説-2〜仮説-4 を実装した．仮説をミノダは基幹の EMB 事業部（刺しゅう加工事業）に加え，ホビー事業部（キャラクター商品の販売事業），通販事業部（一般個人向けの EC 事業）を次々に立ち上げた．EC サイトでは1日平均100件の注文があり，繁忙期である1〜3月の入園シーズンになると1日1,000件を超え，ピーク時には1日1,700件に上ることもある．EC 事業は右肩上がりで成長している．

(9) ビジネスエコシステム
　中小企業のプラットフォーム化を研究した以前の論文で筆者は「図1　ビジネス・エコシステム」と位置づけている．
　従来の垂直的価値連鎖に補完提供者との関係が加わることであらたな価値創造が創出されるとしたが，ミノダのプラットフォームをこのビジネス・エコシステムにあてはめると「図14　ミノダのビジネス・エコシステム」のようになると考えられる．

図 14　ミノダのビジネス・エコシステム

[図：Supplier 1（部材供給）、Supplier 2（部材供給）→ Focal firm Maker（ミノダ）→ Complementor 1 Customer（保育施設）→ Customer 1〜3（保護者）、Complementor 2 Customer（保育施設）→ Customer 4〜6（保護者）]

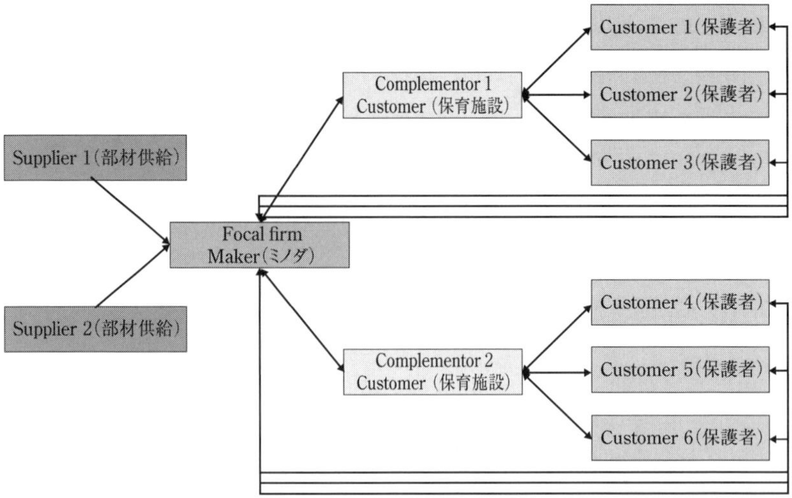

出所：筆者作成

Focal Firm は Maker であるミノダとし，Customer は保護者である．

補完関係 Complementor は保育施設であり同時に Customer でもある．

本章の研究対象であるミノダは Complementor の保育施設にたいして専用の EC サイトを構築することによって保育士の集金の手間をなくし，無記名の問題を解決する．Complementor の保育施設は永年的にプラットフォームを使用することによってミノダに市場を確保するため，お互いを補完している関係と考えられる．仮説の実装がビジネス・エコシステムを生み出したといえるだろう．

5. おわりに

本章では，旧ビジネスモデルとそこからプラットフォーマーとして成功した事例をレビューし，今後あるべき刺繍業界とミノダのエコシステム形成を目的とした解釈モデルを構築したことをしめした．現在の日本における中小企業

のビジネスのプラットフォーム化を考察した．そこからミノダにおけるコアビジネスのプラットフォーム化とそれによるエコシステム形成の戦略仮説を発見することができた．そのうえでその戦略仮説をミノダに実装してアクションリサーチをおこなうことで，その仮説を検証することができた．本章の研究が繊維産業における刺繍業界のような衰退産業に位置する多くの中小企業にプラットフォーム戦略の実装方法として示唆となることを期待している．

謝辞　本論文の執筆にあたり，中央大学大学院戦略経営研究科教授の丹沢安治先生には，丁寧なご指導と的確なご助力をいただきました．心より感謝申し上げます．

また，本研究においてインタビューにご協力いただきました方々に感謝申し上げます．

最後に，本研究科丹沢研究室メンバーの皆様には多くの知識や有益なご助言をいただきましたことにも改めて感謝申し上げます．

参考文献

アレックス・モサド，ニコラス・L・ジョンソン（2018）『プラットフォーム革命　経済を支配するビジネスモデルはどう機能し，どう作られるのか』藤原朝子訳，英治出版

アンドレイ・ハギウ，エリザベス・J・アルトマン（2018）『自社をプラットフォーマーに転換する法』(Diamond Harvard Business Review) DIAMOND ハーバード・ビジネス・レビュー編集部訳，ダイヤモンド社

Christensen, M. Clayton and Carlile, R. Paul (2009) "Course Research: Using the Case Method to Build and Teach Management Theory", *Academy of Management Learning & Education,* Vol.8, No.2

Coghlan, D. and Brannick, T. (2005) *Doing action research in your own organization*, 2nd edition, London: Sage Publications

デヴィット・S・エヴァンス，リチャード・シュマレンジー（2018）『最新プラットフォーム戦略　マッチメイカー』平野敦士カール訳，朝日新聞出版，150-176頁

Evans, D. S. (2016) *Matchmakers: the new economics of multisided platforms*, Harvard Business Review Press

ジェフリー・G・パーカー，マーシャル・W・ヴァン・アルスタイン，サンジート・ポール・チョーダリー（2018）『プラットフォーム・レボリューション』妹尾堅一郎監訳，渡部典子訳，ダイヤモンド社

清成忠男，田中利見，港徹雄（1996）『中小企業論』有斐閣

村上義昭（2017）「中小企業の事業承継の実態と課題」(『日本制作金融公庫論集』第34

号）

Peirce, S. Charles (1873) "Description of a Notation for the Logic of Relatives, Resulting from an Amplification of the Conceptions of Boole's Calculus of Logic", *Memoirs of the American Academy of Arts and Sciences (New Series)*, 9(2): pp. 317-378. [Peirce 1873]

丹沢安治，宮本浩明（2017）「質的データからの理論構築，そして論文まで：研究実践からの報告」（『戦略経営ジャーナル』vol. 5, No. 3），89-108 頁

横澤幸宏（2013）「ビジネス・エコシステムの概念に関する理論的検討」（『岡山商大論叢』第 48 巻第 3 号），61-76 頁

安田武彦（2005）「中小企業の事業承継と承継後のパフォーマンスの決定要因」（『中小企業総合研究』創刊号）

村上義昭（2017）「中小企業の事業承継の実態と課題」（『日本政策金融公庫論集』第 34 号）

〈雑誌記事〉

週間ダイヤモンド（2016）「シェアリングエコノミー」『週間ダイヤモンド』1 月 9 日号，ダイヤモンド社

日経エレクトロニクス（2017）「IoT の原点，センサーネットワークの本質」『日経エレクトロニクス』10 月号，日経 BP 社

日経コンピュータ（2015）「業界を変える新モデル」『日経コンピュータ』2 月 5 日号，日経 BP 社

日経コンピュータ（2015）「印刷機を持たない「印刷会社」ネット発でリアルを変える』『日経コンピュータ』6 月 11 日号，日経 BP 社

日経コンピュータ（2015）「旧来の慣習に風穴」『日経コンピュータ』6 月 11 日号，日経 BP 社

日経コンピュータ（2015）「シェアリングエコノミーが拡大　ベンチャー 6 社で業界団体を旗揚げ」『日経コンピュータ』12 月 24 日号，日経 BP 社

日経コンピュータ（2016）「印刷も運送も"シェア"で安く」『日経コンピュータ』3 月 3 日号，日経 BP 社

日経コンピュータ（2017）「仕事の分担と時間割を見直す」『日経コンピュータ』10 月 26 日号，日経 BP 社

日経デジタルマーケティング（2017）「宅配危機への切り札はデータ」『日経デジタルマーケティング』10 月号，日経 BP 社

日経ビジネス（2018）「これが大手 110 社のエコシステムだ」『日経ビジネス』10 月 1 日号，日経 BP 社

日経マネー（2018）「IPO 観測のお宝株候補を徹底診断」『日経マネー』7 月号，日経 BP 社

日経ものづくり（2018）「インダストリー 4.0 現地レポート」2 月号，日経 BP 社

〈参考資料〉

中小企業庁資料（2014）「中小企業白書」

中小企業庁資料（2016）「中小企業白書」
中小企業庁資料（2017）「中小企業白書」
中小企業庁資料（2018）「中小企業白書」
日本ジャガード刺繍工業組合 HP
ラクスル株式会社　2019 年 7 月期第 1 四半期　決算説明会資料

第7章

なぜトヨタの中古車はASEANの道路を埋め尽くすのか
―― チーフ・エンジニアの愚直に関する考察 ――

野間口 隆郎

1. はじめに

　なぜ，ASEAN諸国の道路はトヨタのとくに中古車が多くみられるのだろうか．本書のプロジェクトで視察した2023年のベトナム・ホーチミン市では，タクシーのほとんどが7人乗りのイノーバと4人乗りのヴィオスであった．また，同じくプロジェクトで2020年に視察したミャンマー・ヤンゴン市では9割以上の車はトヨタ車である．とくにタクシーはすべて古いプロサク（プロボックスとサクシード）であった．2024年に視察したインドネシア・ジャカルタ市では，タクシーのほとんどがトランスムーバーという車種であり，街中では古いキジャンとアバンザという車が道路を埋め尽くしている．フィリピン・マニラ市でもタクシーはほとんどベルタという車種である．なぜ，ASEAN諸国の道路はトヨタのとくに中古車で埋め尽くされているのだろうか．その源流をトヨタのチーフ・エンジニアの愚直から考察することが本章の目的である．トヨタの経営コンセプトを一言でいうとすれば，「愚直」という言葉にたどり着くと筆者は考える．トヨタ関係者の誰もが各々自分の「愚直」経験

を語ることができる．トヨタの研究をしていると，「愚直でテスラ，BYDには勝てない」といわれる．しかし，愚直なトヨタは勝ち負けを意識していない．愚直に自分たちが「やるべきこと」をするだけである．トヨタのASEANでの新車販売台数のシェアは以下の図1のようになる．実際のASEANの道路で走っているトヨタ車の割合を観察すると感覚的には販売シェアより多い．これはトヨタ車が中古車を含めて長い期間乗りつづけられることからきている．つまり，現地生産の新車や輸入の新車だけでなく，北米や日本からの中古車の輸入が実際の道路でのシェアを押し上げている．もちろん，新車は何十年もその国内で使いつづけられる．愚直に「良品廉価」を追求しているからである．「良品廉価」は正式には「RRCI：良品廉価コストイノベーション」というトヨタの原価低減活動のスローガンである．

日刊自動車新聞電子版 2023 年 9 月 2 日（https://www.netdenjd.com/articles/-/289967）によるとトヨタが東南アジア市場で事業基盤の再強化に乗り出した

図1 トヨタの ASEAN 市場シェア

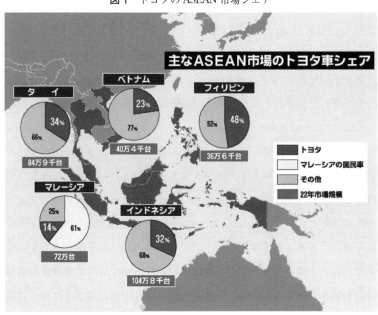

出所：日刊自動車新聞電子版（2023 年 9 月 2 日）

という．東南アジア市場はもともと日系メーカーの牙城だ．しかし，各国政府の電動化政策を追い風に中国EVメーカーが攻勢をかけている．トヨタは日本市場と同様に，現地の雇用や産業貢献を重視した戦略で盤石な基盤を築くだけであるという．2023年9月13日のトヨタタイムズ (https://toyotatimes.jp/toyota_news/1040_1.html) によると，豊田章男は，フィリピンでの自動車関係者向けの講演でつぎのようにいったという．

　ここフィリピンで地元のサプライヤーを育成するために，業界として団結する必要があると考えています．というのも，現在50％の市場シェアを享受しているとはいえ，とくに自動車の約75％が部品サプライヤーから供給されていることを考えると，残念ながらトヨタだけでは現地のサプライチェーンを発展させることはできないからです．他のOEMがより大きな利益のために協力すれば，この地での自動車産業における機会を大きく増やすことができると私は信じています．というのも，フィリピンで競合他社が増えれば増えるほど，現地サプライヤーが増え，スケールメリットが生まれるからです．そして，それはわれわれにとってだけでなく，フィリピンにとっても，もっとも重要なお客様にとっても良いことだと思います．変に聞こえるかもしれませんが，私はたとえトヨタのシェアが下がっても気にしません．フィリピンにとって良いことだから．

中国EVメーカーがASEANの市場シェアを拡大していることは確かである．中国EVメーカーの攻勢にたいして，「トヨタは終わりだ」と伝えられているが，愚直に世の中の風評には流されず反骨の姿勢を崩さない．トヨタで平社員から現場ミドルとしてたたき上げられて育った豊田章男は愚直で反骨のミドルそのままだ．「愚直なる人づくり」は，トヨタの強さの源泉だとトヨタ関係者は誰でもいう．徹底的な取り組みと地道な努力を重視する姿勢を愚直という．下村 (2017) を参照すると，「愚直」は孔子の論語のなかに見出す

ことができる．「愚直」な性質の弟子，子羔は実地の生きた学問ができたという．また，危機のときに損な役割ができるのが愚直であるが，愚直の働きは容易に真似ができないといった．日本の「愚直」という言葉の意味は，勝海舟の講話集である「氷川清話」（勝 2017）のなかに見出すことができる．トヨタの愚直の意味は「氷川清話」にあるつぎの「事を遂げる者は愚直でなくてはならぬ，才走ってはうまくいかない」から来ていると考えられる．それをもとに愚直を定義すると，物事を成し遂げようとするとき，才走る人は賢いため（愚ではないため）目先の利益の計算をすぐにしてしまう．そのため時間をかけて取り組まない．そのため事を成すなら，目先のことを考えず，ひたすら努力をつづける愚直でなければならないということと定義できる．上記の豊田章男のフィリピンでの講演も目先のシェアという利益にとらわれては事を遂げることはできない．愚直にフィリピンの自動車産業のことを考えてやるべきことをひたすら努力するだけだといっている．このような弁をする会長をもちながら，トヨタは2023年3月期に営業利益5兆円を突破し最高益を更新した．これは一種のパラドックスである．目先の利益にとらわれない愚直を貫くから最高益だということは，謎のベールにつつまれた経営方式といわざるをえない．愚直であるからこそ，株主や上司の顔色をみずに，自己の保身をはからずにトップや上司に逆らえるのである．上司の顔色をみてトップからの指示を丸のみに実行していくのがトップダウンの経営スタイルであるのにたいして，トップや上司に逆らい現場からの戦略を実行していく経営スタイルがミドル・アップアンドダウンである．逆にいえば，上司のために車を開発するのではない．上司の評価を高めるために良品廉価の車を開発するのではない．愚直に上司に逆らうミドル・アップアンドダウンができなければ「良品廉価」ということは遂げれない．

1980年代の日本企業のイノベーションは，愚直で反骨のミドル層が推進した．Nonaka (1988)，野中 (1990)，Nonaka and Takeuchi (1995) がトップではなくミドル・アップアンドダウンの組織的知識創造によりイノベーションを推進する日本企業のイノベーション・システムの優位性を説明した．ミド

ル・アップアンドダウンは，経営者と一般社員の中間に位置するミドルが主体的に動くことをいう．ミドルは，現場社員の声を吸い上げて経営に提言したり，経営者が発信しているメッセージをわかりやすく現場に伝えたりする役割をになう．あらたな価値の創造と事業の発展を目指す経営体制であり，変化が激しく，迅速な意思決定が求められる環境下で経営成果を上げるために有効な体制とされてきた．そこでは上司，部下，同僚，外部を説得し巻き込み知識創造と変化を起こすミドル・アップアンドダウンが鮮明に描かれている．

　上林（2019）は，「日本的経営の「強い現場」は，外部からはうかがい知れない．ベールに包まれた曖昧性や不透明性と表裏一体の関係にあった．しかし，その後，透明性や成果にもとづいた個人ベースの評価システムと個人間競争が要請されるにつれ，その強さは徐々に勢いを失い，働く労働者も疲弊していき，どこにでもある（アメリカとさほど変わらない）現場へと成り下がっていった」とする．個人ベースの評価を優先することは愚直とは相いれない．愚直は短期的な個人評価により事を達成する態度とは正反対である．「強い現場」の源が「愚直」であったとするならば，成果主義的な個人評価で「強い現場」は失われたのだろう．

　小林（2002）はソニーの創業者である井深大が「仕事を真剣にしている人の言葉にはリアリティーがあるため，影響力がある．現場にこそリーダーシップがある」といったという．その言葉の説明として，井深がソニーの社長時代，最新鋭の設備を備えた厚木工場ができ，世界中から大勢の見学者が来た．しかし一番の問題となったのがトイレの落書きだった．会社の恥だからと工場長にやめさせるよう指示を出し，工場長も徹底して通知を出した．それでも一向になくならない．そのうちに"落書きをするな"という落書きまで出て，井深も諦めた．するとしばらくして落書きがなくなった．掃除のおばさんが，"落書きをしないでください．ここは私の神聖な職場です"と書いてトイレに貼った．それで落書きがなくなった．井深はトイレの落書きの件について，リーダーシップをとれなかったと振り返ったという．トイレ掃除のお

ばさんに負けたという．そのときに，リーダーシップとは上から下への権限や命令だと考えていたが，誤りだとわかったという．以来，井深はリーダーシップを影響力だと考えた．そしてさらに，井深は上司を動かせる人であって，はじめて部下を動かすことができ，同僚や関係団体を動かせる人であって，はじめて物事を動かすことができるという考えにたどりついたという．井深はリーダーシップは権限ではなく影響力であり，その影響力は現場に責任感をもつ者にしかないと考えた．井深のいう権限がないが現場で責任感をもつミドルが組織に影響力を発揮することがミドル・アップアンドダウンである．本研究ではこのような現場で責任感をもつが権限ではなく影響力を発揮して組織を動かしあらたなイノベーションや知識創造をおこなうことをミドル・アップアンドダウンだと定義する．愚直は事を成し遂げるための影響力を発揮する条件であろう．

　佐久間（2003）は，問題解決型ミドルが部下の満足できるような問題解決をおこない，結果として，部下とのあいだに信頼と協力関係が確立されるとした．そして，そのような問題解決型ミドルがメンバーの組織コミットメントを高めることを見出している．また，太田（2010）は，現場の問題解決型ミドルとしてスイーパー・リーダーシップのコンセプトを提案する．そのコンセプトはつぎの3つの役割だという．第1は，部下（フォロワー）が直面する障害を取り除く．第2は，目標へ向かう動きを見定める．第3は，成果をあげられるように支援する．しかし，太田（2010）によると，日本企業全般の成果主義導入により，ミドルの仕事は部下の仕事の問題解決ではなく，部下への指示と業績評価だけになった．そのため部下は上司の顔色をうかがい，見せかけのモチベーションをもつようになる．部下の業績評価をおこなう強い人事権がミドルに与えられた．そして，ミドルの権限を強めたため部下の心がミドルから離れたという．部下はミドルに都合のよい情報しか伝えなくなり，ミドルは現場の現実を把握できなくなった．つまり井深のいうような権限ではなく影響力を発揮するミドルがいなくなったという．つまりミドル・アップアンドダウンをおこなうことのできるミドルは日本企業には存在しに

くくなったということである．しかし，2022年の現在もミドル・アップアンドダウンが失われていない現場がある．それはトヨタ自動車の現場である．例外はなぜ，「強い現場」を今も維持できているのかということが本研究の動機となる問いである．そして「消えゆく日本的経営」のなかで「強い現場」を保てている企業はなぜそれが可能であるかということが，本研究の問題意識である．本研究はトヨタでは愚直が生み出すミドル・アップアンドダウンが新型車を開発するときのイノベーションを生み出す「強い現場」を成立させていると考えている．

　本研究のイノベーションの定義はミドル・アップアンドダウンが生み出すイノベーションである．その観点では，Nonaka（1988）のいう知識創造や金井（1991）がいう変革が本研究のイノベーションである．1980年代の強かった日本企業では，知識創造や戦略・組織革新などのイノベーションはミドルが主役であった．Nonaka（1988），野中（1990），Nonaka and Takeuchi（1995）の研究によると，1980年代，1990年代の日本企業のミドルはアップアンドダウンという独特の経営行動をおこなってイノベーションを創造していた．金井（1991）では組織変革と現在でいうオープン・イノベーションを起こす変革型ミドルが描かれた．それは多くの日本企業で観察されたイノベーションの勝ちパターンであった．2000年代以降の現在では，日本企業のなかでミドル・アップアンドダウンが失われていったのではないか，そしてその経営行動が失われたことが日本のイノベーションの低調を招いたのではないかという問題意識がある．つまり愚直であることをミドルに許さない環境になったのではないだろうか．

　ミシガン大学のMorgan and Liker（2018）によると，トヨタのチーフ・エンジニア（ミドル）たちは，1990年代以降もつねに，自動車業界の破壊者であった．かれらはつぎのようにいう．初代レクサスは鈴木一郎チーフ・エンジニアが，社長，役員と大激論をしたうえでヨーロッパの高級車の常識を打ち破る，妥協をしない車として開発した．プリウスは，内山田竹志というチーフ・エンジニアが，ハードよりソフトだ，ハードのことを忘れて車をつくろ

うという常識外の思考で開発した．MIRAI は田中義和というチーフ・エンジニアが100年後の社会をつくり出すという長期的戦略思考で開発している．大きなリスクをとることは新興企業のやることで成熟した巨大企業がやることではないという常識から外れているという．

そのため本研究ではトヨタチーフ・エンジニアのおこなうミドル・アップアンドダウンが健在である理由を考察することでトヨタ以外の日本企業が失ったイノベーション推進力を取り戻すための経営行動を考察する．そして，そのうえでトヨタのチーフ・エンジニアの愚直について考察する．

2. 先行研究

1980年代の日本企業のイノベーションは，ミドル層が推進した．Nonaka (1988)，野中 (1990)，Nonaka and Takeuchi (1995) がトップではなくミドル・アップアンドダウンの組織的知識創造によりイノベーションを推進する日本企業のイノベーション・システムの優位性を説明した．ミドル・アップアンドダウンは，経営者と一般社員の中間に位置するミドルが主体的に動くことをいう．ミドルは，現場社員の声を吸い上げて経営に提言したり，経営者が発信しているメッセージをわかりやすく現場に伝えたりする役割をになう．あらたな価値の創造と事業の発展を目指す経営体制であり，変化が激しく，迅速な意思決定が求められる環境下で経営成果を上げるために有効な体制とされてきた．そのプロセスは以下の表1ようにまとめられる．

そして，「トップダウン」でも「ボトムアップ」でもなく，「ミドル・アップアンドダウン」が，知識がつくられる連続的・反復的プロセスを一番うまく伝えることができるという．また，知識は，チームやタスクフォースのリーダーを務めることの多いミドル・マネジャーによって，トップと第一線社員（すなわちボトム）を巻き込むスパイラル変換プロセスをつうじてつくられるとした．

表1 ミドル・アップアンドダウンのプロセス

階層	役割
トップ	現実を超える理想を提示して，現実との対立や混沌などのカオスをつくり出す． ミドルの突き上げにたいして寛容さをもつ．
ミドル	現実を超える革命的なコンセプトの創造とビジネスや製品の再定義をおこない，トップの曖昧な理想にたいして現実をふまえたあらたなコンセプトを突き上げる． ローワーの突き上げにたいして寛容さをもつ． 部門や組織の壁を越えて外部とも連携する．
ローワー	現実のプロダクトをつくり上げることを最優先とした価値観をもち，正しい現状認識と課題認識をもつ． 現実認識にもとづきトップのスローガンやミドルのコンセプトを突き上げることが仕事だと考える．

出所：Nonaka and Takeuchi（1995）より筆者作成

　ミドルが戦略的機会の特定と獲得，知識創造において重要な役割をはたすとした先行研究は以下である．伊丹・野中・西口（2000）：ミドルのリーダーシップが知識創造の場をつくる．Nonaka（1988），Nonaka, Toyama and Hirata（2008）：ミドルの知識創造．金井（1991）：表のマネジメントと一緒に裏マネジメントをおこなう変革型ミドル．Burgelman（1983; 1984），Ghoshal and Bartlett（1994）：中間管理職が戦略的機会の特定と獲得．Kanter（1982）：ミドルが「チェンジ・マスター（変革の達人）」．Hedlund（1994）：M型組織では知識創造されない．N型組織でミドルが知識創造．これらはトップマネジメントの役割はそれほど重要ではないということを前提としている．つぎに衰退する企業ではミドルに問題がある可能性があるとする先行研究である．Burgelman, R. and Grove（2002）：新規事業の芽は"合理的"にミドルに摘まれる，その理由は既得権である資源配分から（共進化ロックインの罠）．Tichy and Charan（1989）：衰退する企業ではミドルが組織の壁を作る．延岡（2002）：ミドルによる業務遂行能力だけでは国際競争に勝てない．沼上ほか（2007）：重い組織ではミドルが戦略を創発できない，その権限を強化が必要．近年のイノベーションためのリーダーシップ研究（Gawer and Cusumano（2002）; Hill, et al. (2014)）ではトップは曖昧で対立やミドルの突き上げを許容する方がよいとする．ここからわかることはイノベーションとミドルやトップの権限とのあいだには直接の因果関係はないのではないかということである．また，1990年代以降のミドルの劣化に関する先行研究としてはつぎのようになる．太田 (2010) によると，日本企業全般の成果主義導入により，ミドルの仕事は部下の業績評価になった．そのため部下は上司の顔色をうかがい見せかけのモチベーションをもつようになる．求心力を求める（権限を強める）と遠心力が働く（部下の心が離れる）．部下は上司に耳障りのよい情報しか伝えなくなる．小城 (2017) によると，成果重視の傾向がミドルの登用や昇進において数値による説明能力が重視されることになり，中高年のリストラにより実際に成果を残せる「力がある人材」は流出したという．脅威―硬直理論 (Threat-rigidityThesis) (Staw et al. 1981) は環境変化などの脅威に直面するとトップへの権限集中が起こり既存知識に依存するようになり，ミドルの自由闊達な行動が阻害され組織硬直的になるとした．ミドルの先行研究のレビューからトヨタチーフ・エンジニアが例外的に成功するミドルである理由の仮説を表にした．網倉 (2002) は，日本企業は従来慣れ親しんできた現有資源を前提にミドルや現場からのアップで戦略を構築するロジックの自走を許してしまっているとする．延岡 (2002) は，ミドルとトップが一体となった会議体が事前調整による形式的なものとなっているため，トップダウンによる戦略立案が必要だとしてる．いずれもミドルの劣化を提起している．

　日向野 (2013) は，権限があるミドルは自己都合を優先することができる．そのため自己準拠的判断を優先することになる．つまり権限がないと外部準拠で考えるため周囲を巻き込む説得力（リーダーシップ）が磨かれるとした．ローレンス，レイモンド (2018) は，階層化され管理職に権限のある組織では自己都合で判断がされるため，その管理職のいる組織のメンバー全員が外部準拠をしなくなり，結果として無能になるという．Kotabe and Helsen (2014) によると，海外市場参入などにおいてマーケッター（ミドル）は自己準拠的判断基準によるマーケティングや製品開発をおこなわないことが必要だという．

表2 トヨタチーフ・エンジニア (CE) のミドル・アップアンドダウン健在の理由仮説

仮 説	説 明
1. 共進化ロックインの罠にはまらない.	既得権となる資源をもたないため，ロックインの罠に陥らない.
2. 弱いトップと自由闊達なミドルの意思決定	トップは危機感を煽らず，断定した意思決定をせずミドルに考えさせる．ミドルは自由闊達にみずから集めた現場の情報にもとづき意思決定をする．
3. 部下の評価ではなく主導するだけのミドル	CEは開発チームのエンジニアの人事評価はしない．評価するのはみずから開発を主導した車の市場評価を自分の評価とするだけ．
4. 権限をもたないミドル	権限をもたないため，自己準拠による判断に陥らない．そのため海外を含めた市場情報を徹底的におこない，それにもとづく外部集団準拠の判断をおこなう．そして説得力が磨かれるため上司，部下，同僚，外部を巻き込む影響力を得ることができる．

出所：筆者作成

それにより海外マーケットで必須の機能やサービスを見落とさないという．

以下表2が先行研究から導き出したトヨタチーフ・エンジニアのミドル・アップアンドダウン健在の理由仮説であり，つぎの考察で検証を試みる．

3. 考　察

ここではまず，トヨタチーフ・エンジニアのミドル・アップアンドダウンが健在であることを検証する．その結果以下の表3となる．2017年に登場した10代目カムリの開発プロセスをミドル・アップアンドダウンのプロセスとして記述したものである．

TNGAはトヨタが「次世代プラットフォーム「TNGA」とは，プラットフォームの名称そのものを指す訳ではなく，プラットフォームを根幹とした車両つくりの開発方針・開発手法」(2017年2月7日トヨタ自動車カーナリズム) と表明しているコンセプトだけが先行した曖昧なものと考えられていた．

表3　勝又正人チーフ・エンジニアによる曖昧なTNGAコンセプトによるカムリ開発

階　層	プロセス
トップ	トップから単に，TNGAでカムリを開発してくれといわれる．TNGAはコンセプトが先行した車両づくりの開発方針・開発手法であり，その具体的な内容は曖昧であった．
ミドル	現行モデルのように北米No 1乗用車を維持するために，食パンやバニラアイスの安心・無難ゾーンに甘んじていていいのか！という思いから，TNGAを実装することですべてを刷新する．企画の段階では，デザインに「リスクが高すぎないか」という声もあったが，ドイツ高級車を超える美しいフォルムデザインを追求．30万台を販売し15年連続の北米乗用車トップを堅持する．最新の技術を集めるがコスト競争力はさらに高める．
ローワー	TNGAにもとづき，プラットフォームやパワートレーンなどすべてを一新した．ボディ骨格を一からつくり直した．ハイブリッドシステムはほとんどが「カムリ」専用のものとなった．ドイツ高級車より美しいデザインを実現．永遠の定番を"ビューティフル・モンスター"へと変貌するデザインと技術開発を実施．

出所：トヨタファイナンス（株）Harmony 2017年11/12月号にもとづき筆者作成

　TNGAを使った開発という曖昧なトップの指示を，ミドル・アップアンドダウンにより具体的な成果にしたのがやはり今回もチーフ・エンジニアというミドルであったということである．最新の新型車開発においてもチーフ・エンジニアのミドル・アップアンドダウンは健在である．つぎに，Morgan and Liker（2018）がトヨタを1990年代以降も自動車業界の破壊者だったという3つの車種についておこなったチーフ・エンジニアのミドル・アップアンドダウンを描き出すとつぎの表4のようになる．

　つぎに，チーフ・エンジニアのミドル・アップアンドダウンが健在である理由の仮説検証である．

　「仮説1　共進化ロックインの罠にはまらない」については，安達（2014）はつぎのようにいう．チーフ・エンジニアの率いるエンジニアは機能別組織からの借り物であり，指揮命令権のある人的リソースはもたない．既得権となるリソースももたない．必要なリソースは機能別組織や外部から，説得により調達する．つまりロックインに陥るようなリソースはもたないのがチー

表4　トヨタチーフ・エンジニア（CE）のアップアンドダウン

階層	レクサスLS（鈴木一朗CE）	ミライ（田中義和CE）	プリウス（内山田竹志CE）
トップ	北米の利益の厚いプレミアム・セグメントへの進出.	燃料電池車（FCV）を開発してほしい.	1993年ころ，豊田英二が「今のままの車づくりでいいのか．21世紀に成り立つ車づくりをやるべきじゃないのか」と語った.
ミドル	鈴木CEが設定した目標は「時速155マイル（時速250キロ），空気抵抗値0.29，室内騒音は時速60マイル時に58デシベル（dB）」だったという．かれのエンジニアチームは，それが実現可能であるかすら懐疑的だった．静かで快適でつくりがよいレクサスは，みるみるうちにアメリカの市場で確固たる地位を築いた.	田中義和CEが100年後の社会をつくり出すという長期的戦略思考で開発した．いい車をつくる，それで将来が開けていく．どの時点でブレークスルーが起きるか，誰もわかりません．準備しておくことが大切です．リスクをとってチャレンジしなければならない未来の車と社会をつくり出そうという大きなリスクをとることは新興企業のやることで成熟した巨大企業がやることではないという常識から外れている.	バッテリーやモーターの性能は貧弱で，コストも高かった．トヨタでは電気自動車（EV）の研究は進められていたが，量産化のための体制はまだまだ整備されていない．ハイブリッド車を取り上げないというのは，常識的な判断だった．それにたいして，内山田竹志CEは，ハードよりソフトだハードのことを忘れて車をつくろうという常識外の思考でハイブリッド車を開発した.
ローワー	当初は懐疑的であったが，鈴木CEの思いに納得し，高級車の常識を外れた性能を実現する.	FCスタック（燃料電池車の発電装置）と水素タンクのコア技術をローワーが内製化する．ローワーはコアとなる技術を自社製（手の内化）にすることで技術革新ができることを理解している．技術だけでなく，ものづくりの面でも内製化した.	必要な人材や技術は内製化した．とくにモーター，インバーターというコア技術をエンジニアたちがみずから開発した.

出所：レクサスについては東洋経済オンライン（2019）「レクサスはこの30年でどれだけ洗練されたのか」より，プリウスについてはトヨタ自動車（2015）「プリウス誕生秘話」より，ミライについてはトヨタ自動車（2015）「トヨタMIRAI（ミライ）開発者インタビュー（チーフ・エンジニア編）」より筆者作成

フ・エンジニアである．通常は社長も直接のリソースはもたないが会社すべての心理的責任をもつ．同じように車種にたいしてすべての心理的責任をもつのがチーフ・エンジニアである．

「仮説2　弱いトップと自由闊達なミドルの意思決定」については，北川（2020）によるとつぎのように検証できる．トップはチーフ・エンジニアが社

長であり，トップは助っ人だと認識しており，断定した意思決定をしない．ミドルがみずから現地現物主義で集めた現場の情報にもとづき革新的な意思決定を自由におこなう．トップの意見を聞いて，足して2で割るような意思決定はしない．

「仮説3　部下の評価ではなく指揮と主導をとるミドル」については，日野 (2002) および長谷川10カ条 (北川 2020) によるとつぎのようになる．チーフ・エンジニアは開発チームのエンジニアの指導はするが，人事評価はしない．自分の開発した車の市場評価により自己評価をおこなうだけである．開発した車種についての結果を「他人のせい」にしないためには部下の人事評価をしてはいけないことがわかる．部下の人事評価をすることで開発した製品についての責任のすべてを自分のこととできるのである．

「仮説4　権限をもたないミドル」について考察する．安達 (2014) によると，チーフ・エンジニアは製品開発に関する権限はもたない．社内および社外の誰にたいしても「説得する権限」だけが与えられている．「説得する権限」の範囲は社内では上位の社長，副社長，役員も例外ではない．北川 (2020) によると，トヨタのチーフ・エンジニアは開発に関する「説得力」をもつために，膨大なマーケティングリサーチをおこなうという．北川もアメリカ市場で長くNo.1をとりつづけているカムリのチーフ・エンジニアのときに世界中50か国以上の顧客，販売店，展示会，スーパー・イケア・大学の駐車場を回ったという．チーフ・エンジニアは「説得力」のために「現地現物を率先する」という．現場で集めた外部準拠的事実をもとにトップ，メンバー，他部門，外部を説得する．つまり権限がないため自己準拠的判断基準によるマーケティングリサーチや製品開発をおこなわないため成功すると考えられる．

4つの仮説は，チーフ・エンジニアが「愚直な人づくり」で育成されるからだと考えられる．正木 (2022) は，一言でいうと，「チーフ・エンジニアとは，なんら権限をもっていない．おのれの人格を高め，人柄でプロジェクトをリードしなさい」という制度だという．そして，エンジニアに求められる人柄は「愚直」だという．

「仮説1　共進化ロックインの罠にはまらない」が実現するのは，チーフ・エンジニアが愚直だから，自分のもつ既得権である現在の車を守る保身のために，部下の新しい発想やアイディアを潰したりはしないのだろう．

「仮説2　弱いトップと自由闊達なミドルの意思決定」が実現できるのは，愚直なチーフ・エンジニアのような人材がトップになるため愚直なプロセスで意思決定をするためであろう．井上（2007）によると，豊田英二は社長，アメリカに工場を建設する大プロジェクトでも，自分の口からはどこに新工場を建設すべきか，なかなか発言しなかったという．豊田英二は「俺がすぐに決めたら，社員は誰も考えなくなるだろう．どこの土地がいいのか，あるいは本当にアメリカに工場をつくることがいいのかも含めて，皆が徹底的に考えないと事業は失敗する」と漏らしていたという．

「仮説3　部下の評価をおこなわず主導するだけのミドル」が実現できるのは，チーフ・エンジニアが愚直だからこそ，自分の開発した車の評価はすべて自分の責任であると考えるからであろう．愚直に開発する車のすべての責任をもちユーザー市場の実際を現地現物で確認するからこそ部下を評価する必要がないのだろう．

「仮説4　権限をもたないミドル」が実現できるのは，愚直なチーフ・エンジニアの人柄だけであろう．権限を振りかざすのは本当のリーダーシップではない．愚直な人柄であり，目先の利益や自己利益を計算する才が走るような人柄ではないことがトヨタのチーフ・エンジニアに独特のリーダーシップを実現させているのであろう．

4．おわりに

論理的に考察すると，トップダウンに頼ってイノベーションを実現する企業の末路は暗い．どんなに優秀なトップでも間違うし，いつかは引退する．トップダウンに頼るだけの企業に永続性はなく，不確実性の高さがつきまと

表5 トヨタチーフ・エンジニア (CE) のミドル・アップアンドダウン健在の理由仮説検証

仮 説	説 明	検 証
1. 共進化ロックインの罠にはまらない.	既得権となる資源をもたないため,ロックインの罠に陥らない.	必要なリソースは機能別組織や外部から,説得により調達する.つまりロックインに陥るようなリソースはもたない.そのため車種にたいしてすべての心理的責任をもつのがCEである.
2. 弱いトップと自由闊達なミドルの意思決定	トップは危機感を煽らず,断定した意思決定をせずミドルに考えさせる.ミドルは自由闊達にみずから集めた現場の情報にもとづき意思決定をする.	トップはCEが社長であり,トップは助っ人だと認識している.Tトップは断定した意思決定をしない.ミドルがみずから現地現物主義で集めた現場の情報にもとづき革新的な意思決定をおこなう.
3. 部下の評価ではなく主導するだけのミドル	CEは開発チームのエンジニアの人事評価はしない.評価するのはみずから開発を主導した車の市場評価を自分の評価とするだけ.	人事評価はしない.するのは自分の開発した車の市場評価により自己評価をするだけである.部下の人事評価をしないため,開発した製品についての責任のすべての他者ではなく自分のこととできるのである.
4. 権限をもたないミドル	権限をもたないため,自己準拠による判断に陥らない.そのため海外を含めた市場情報を徹底的におこない,それにもとづく外部集団準拠の判断をおこなう.そして説得力が磨かれるため上司,部下,同僚,外部を巻き込む影響力を得ることができる.	トヨタのCEは権限をもたない.その代わりに新車開発に関する「説得力」をもつために,膨大なマーケティングリサーチを行うという.

出所:筆者作成

う.つねに勝率の高いトップを選ぶことはできないのではないか.トップは就任してみないとその力量はわからない.これは一種のコーポレートガバナンス問題でもある.蒙昧なトップを突き上げ,愚直にミドル・アップアンドダウンをするミドルが必要である.ミドル・アップアンドダウンを行ったことのないトップがトップになってしまった企業がイノベーションを創造でき

る気がしない．それは企業で仕事をしたキャリアのある方なら同意してもらえるだろう．

　トヨタのチーフ・エンジニア制度は一種のパラドックスを気づかせる．権限があれば，権限に頼りイノベーションのリーダーシップは磨かれない．トヨタのチーフ・エンジニアは権限がないため，若いころから愚直に説得力を磨きリーダーシップを鍛え上げる．そのため遠心力（権限がない）が求心力（イノベーションのリーダーシップを磨く）になる．結果として，トヨタではミドル・アップアンドダウンで組織変革や知識創造などのイノベーションを起こすミドルがつぎからつぎへと育成される．そのため遠心力となりそうな「権限がない」ことが，求心力としての「イノベーションのためのリーダーシップ」を磨くことになる．

　また，豊田英二や奥田碩のように指示命令権限はあるがそれを行使せず将来の自動車産業の未来を構想するトップが存在するからこそ，チーフ・エンジニアとしてのミドルが自由闊達にイノベーションを推進することができることは，トヨタが自動車業界の破壊者でありつづけている理由である．「愚直でイノベーションができるのか」という問いにたいしての答えはつぎのようになるだろう．時流に流されず，愚直に製品開発をするからこそイノベーションが起きる．そして，そのイノベーティブな高品質な車が中古車となってASEANの地域の道路を埋め尽くすのである．30年前のプリウスとレクサスは中古車としてASEANを未だに走っている．

　トヨタのチーフ・エンジニアが業界の破壊者であることをみてきたが，トヨタのチーフ・エンジニアは市場の創造者でもある．インドネシア市場でトヨタ車は2022年には約104万8,000台が売れた．市場シェアは32％である．これは新車の販売シェアである．トヨタの車はインドネシアでは50年以上使われるという．トヨタGAZOO（https://gazoo.com/column/daily/18/04/15/）によると，インドネシアの中古車市場で，キジャン（現在はキジャン・イノーバ）は5年で15万km乗っても，購入時価格の70％で下取りされるという．つまり，5年で15万kmでは，まだまだ寿命が少しも短くならないほど耐久性

と品質が高いということである．また，メンテナンス性に優れているため低コストでメンテナンスできるということである．1976年からインドネシアのトヨタ工場で生産されたキジャンは2024年の現在でもいまだ現役でインドネシアを走っているという．つまり，約50年も乗りつづけられている．

トヨタの元チーフ・エンジニアの北川尚人（2020）はインドネシア市場調査についてつぎにようにいう．

　2010年，これからのインドネシア経済発展を見据え，農村にもモータリゼーションの波が押しよせてくるだろうと，農民の生活実態を調べることになった．農村生活を体験し将来車が必要になるのか，どんな車が必要になるのかを調査した．インドネシアの将来の商品ラインナップを考えるうえで，トヨタウェイの現地現物を実践するまたとない機会となった．トラック的な商品が頭にあったので，いろいろな農作物の産地ごとに訪問先を選定した．米，野菜，タバコ，果物，パームなど．農作物によって荷台への積載要件が出てくるのではと考えたからだ．日本でも青森県ではリンゴ箱サイズは軽トラの荷台の大きさと密接に関係している．訪問インタビュー32件（ジャワ4農村，スマトラ5農村），泊まり体験5泊（ジャワ2泊，スマトラ3泊）をおこなう．（中略）調査の結果だが，将来の生活設計についての農民の考えは，まず，田畑の拡大，次いで自分の家，子どもの教育ときて車の購入はそのつぎだった．収穫できた農作物は中間業者が引き取りにきてくれるシステムができていて，必ずしも自分で運搬する必要はなかった．多くの農家にとって車購入は第1優先ではなかった．また，農民といっても所得にはかなり幅があり，大半の農民にとって車購入は夢のまた夢であった．ひとにぎりの購入可能層のあいだでも，仕事を拡大するためにピックアップを希望する派と家族の生活レベル向上の乗用車派がいることもわかった．（中略）「現地を訪ね，現物に触れ，現地の人と話をする」現地現物で商品企画を考える大切さを実感できたインドネシア農村体験だった．

上のコメントは北川チーフ・エンジニアの愚直な市場調査の姿勢を表している．北川チーフ・エンジニアが2002年に開発上梓したプロサク（プロボックスとサクシード）は2024年の現在もそのモデルが売れつづけ生産継続中である．今でもミャンマーのタクシーのほとんどが北川チーフ・エンジニアのプロサクだといわれている．また，北川チーフ・エンジニアが2006年に開発上梓した8代目カムリは3代目から7代目までのカムリに混じってカンボジアの道を埋め尽くしているそうだ．カムリはメンテナンス性を勘案した設計がされているため，そのようなことが起こるという．自分の開発する車の中古車市場での姿を構想して開発するのである．そのような愚直なチーフ・エンジニアとしての資質があるからインドネシアの農村にまで市場調査に赴くのである．

　トヨタの車は過剰品質といわれる場合があるが，50年後まで使うことのできる車を開発生産できるからこそ市場を創造できるのである．愚直に品質と耐久性とメンテナンス性を追求するから，一時的に売れるのではなく，50年前のチーフ・エンジニアが愚直に開発したから根強いトヨタ車ユーザー市場がある．資源をもたないから愚直になれるのである．蒙昧を装うトップがいるから愚直になれるのである．部下の評価をしないから部下に責任を押し付けない．責任を押し付けないから開発する車のすべてを自分ごと（自分の責任）として愚直になれるのである．権限がないから自分の開発する車が50年後まで走る姿をイメージする目先の利益にとらわれない愚直になれるのである．トヨタのチーフ・エンジニアたちはカムリのような「良品廉価」という知の深化とレクサス，プリウス，ミライという「業界の破壊者」という知の探索を同時におこなっているとみることができる．これは両利きの経営と呼ぶものである．愚直が両利きの経営を生み出すのである．知の探索に偏るコンピテンシー・トラップは目先の利益である知の探索に偏ることである．愚直だからこそ，目の前の短期的な利益にとらわれずに車を開発できるのである．カムリの「良品廉価」は短期的な利益のためのコストダウンが目標ではない．50年使いつづけられる車という長期的な利益のための品質追求と同時

のコストダウンである．相反する品質追求とコストダウンを両立させる知の探索であるイノベーションを包含するものである．チーフ・エンジニアが愚直であるように育成されることがトヨタの両利きの経営の源泉である．

　本研究の製品開発におけるチーフ・エンジニアのケースは，トヨタの公式発表およびトヨタ関係者による著作をもとに分析をおこなった．独自調査にもとづくケースは使用していない．トヨタのチーフ・エンジニアについての研究は停滞する日本企業のイノベーションへの示唆となるはずである．トヨタからするとそのベールに包まれた強い現場の謎を明らかにするカギであり，そのカギは秘密のベールに隠しておきたいものであろう．一般的な常識では生み出せないこのチーフ・エンジニアという制度をさまざまな企業が取り入れるための環境や条件をつかむことが今後は望まれる．

　謝辞　本章でもっとも解き明かしたことは，トヨタではチーフ・エンジニアの「愚直」がなぜ求められているのかということであった．トヨタのチーフ・エンジニアの最大の特徴が「愚直」であることを筆者に示唆したのが故人である中央大学政策文化総合研究所／国際経営学部の申淑子研究員／教授であった．申淑子教授のご冥福をお祈りするとともに，ここに謝意を表する．本研究は中央大学特定課題研究費による助成によりおこなわれた．
　本章は，筆者の1人である野間口が，『中央大学政策文化総合研究所年報』第25号，2022年，3-14頁に掲載された論文「イノベーションのためのミドル・アップアンドダウンに関する考察―トヨタ・チーフエンジニア（CE）を対象に―」を再構成し大幅に書き直したものである．

参 考 文 献

安達瑛二（2014）『ドキュメントトヨタの製品開発：トヨタ主査制度の戦略，開発，制覇の記録』白桃書房

網倉久永（2002）『イノベーションの組織戦略　イノベーションとベンチャー企業』八千代出版

Burgelman, R. A. (1983) "Corporate entrepreneurship and strategic management: Insights from a process study", *Management Science*, 29, pp. 1349-1364

Burgelman, R. A. (1984) "Designs for corporate entrepreneurship in established firms", *California management review*, 26(3), pp. 154-166

Burgelman, R. A. and Robert, Grove A. (2002) *Strategy is Destiny: How Strategy-making*

Shapes a Company's Future, New York: The Free Press
藤本隆宏（2003）『能力構築競争：日本の自動車産業はなぜ強いのか』中央公論新社
藤本隆宏（2017）『現場から見上げる企業戦略論 デジタル時代にも日本に勝機はある』KADOKAWA
GAZOO（2015）「トヨタ MIRAI（ミライ）開発者インタビュー（チーフ・エンジニア編）」*GAZOO*, 2015. 9. 9. Retrieved January 15, 2022, from https://gazoo.com/car/keyperson/15/09/09/
Gawer, A. and Cusumano, M. A.（2002）*Platform Leadership*, Harvard Business School Press
Ghoshal, S. and Bartlett, C. A.（1994）"Linking organizational context and managerial action: The dimensions of quality of management", *Strategic management journal*, 15 (S2), pp. 91-112
濱口桂一郎（2013）『若者と労働：「入社」の仕組みから解きほぐす』中央公論社
Hedlund, G.（1994）"A model of knowledge management and the N-form corporation", *Strategic Management Journal*, 15, pp. 73-90
日向野幹也（2013）「管理職研修と「権限のないリーダーシップ」」(『社会科学研究』64 (3)), 115-130 頁
Hill, L. A., Brandeau, G., Truelove, E. and Lineback, K.（2014）*Collective genius: The art and practice of leading innovation*, Harvard Business Review Press
日野三十四（2002）『トヨタ経営システムの研究：永続的成長の原理』ダイヤモンド社
井上久男（2007）『トヨタ 愚直なる人づくり：知られざる究極の「強み」を探る』ダイヤモンド社
伊丹敬之，野中郁次郎，西口敏宏．（2000）『場のダイナミズムと企業』東洋経済新報社
Japan Society for Production Management（1996）*Toyota Production System*, Nikkan Kogyo Shimbun
金井壽宏（1991）『変革型ミドルの探求：戦略・革新指向の管理者行動』白桃書房
上林憲雄（2019）「消えゆく日本的経営——グローバル市場主義に侵食される日本企業——」(『經營學論集』第 89 集 日本的経営の現在——日本的経営の何を残し，何を変えるか——）日本経営学会, 38-46 頁
Kanter, R. M.（1982）"The middle manager as innovator", *Harvard Business Review*, 60 (4), pp. 95-105
勝海舟（2017）『氷川清話』ゴマブックス株式会社
北川尚人（2020）『トヨタチーフエンジニアの仕事』講談社
小林峻一（2002）『ソニーを創った男 井深大』ワック
Kotabe, M. and Helsen, K.（2014）*Global marketing management*, New Jersey: John Wiley & Sons
正木邦彦（2022）『トヨタの車づくりトヨタでの車づくり：製品開発を語る』文芸社
Mintzberg, H.（1983）*Power in and around organizations*, Englewood-Cliffs, N. J.: Prentice

Hall, Inc

Mintzberg, H. (1994) "The fall and rise of strategic planning", *Harvard Business Review,* 72(1), pp. 107-114

Morgan, J. M. and Liker, J. K. (2018) *Designing the Future: How Ford, Toyota, and Other World-Class Organizations Use Lean Product Development to Drive Innovation and Transform Their Business,* McGraw Hill Professional

中沢孝夫，赤池まなぶ（2004）『トヨタを知るということ』日本経済新聞社

延岡健太郎（2002）「日本企業の戦略的意思決定能力と競争力―トップマネジメント改革の陥穽」（『一橋ビジネスレビュー』50(1)）24-38 頁

延岡健太郎，藤本隆宏（2004）「製品開発の組織能力：日本自動車企業の国際競争力」（『東京大学ものづくり経営研究センター（MMRC）ディスカッションペーパー』9)) Retrieved January 15, 2022, from https://www.rieti.go.jp/jp/publications/dp/04j039.pdf

Nonaka, I. (1988) "Toward Middle-Up-Down Management: Accelerating Information Creation", *Sloan Management Review, MIT,* 29(3), pp. 9-18

野中郁次郎（1990）『知識創造の経営：日本企業のエピステモロジー』日本経済新聞社

野中郁次郎，勝見明（2007）『イノベーションの作法』日本経済新聞社

Nonaka, I. and Takeuchi, H. (1995) *The Knowledge-Creating Company: How Japanese Companies Create the Dynamics of Innovation,* Oxford University Press

Nonaka, I. and Takeuchi, H. (1996) *Knowledge creation company,* Toyo Keizai Shinposha

Nonaka, I., Toyama, R. and Hirata, T. (2008) *Managing Flow - A Process Theory of the Knowledge-Based Firm,* London: Palgrave Macmillan

沼上幹，軽部大，加藤俊彦（2007）『組織の〈重さ〉：日本的企業組織の再点検』日本経済新聞出版社

小城武彦（2017）『衰退の法則：日本企業を蝕むサイレントキラーの正体』東洋経済新報社

太田肇（2010）『日本人ビジネスマン「見せかけの勤勉」の正体：なぜ成果主義は失敗したか』PHP 研究所

ローレンス・J・ピーター，レイモンド・ハル（2018）『ピーターの法則：「階層社会学」が暴く会社に無能があふれる理由』ダイヤモンド社

佐久間賢（2003）『問題解決型リーダーシップ』講談社

Schmidt, E. and Rosenberg, J. (2014) *How google works,* New York: Grand Central Publishing

下村湖人（2017）『現代訳論語』青空文庫 https://www.aozora.gr.jp/cards/001097/files/43785_58836.html（2024 年 6 月 1 日参照）

Staw, B. M., Sandelands, L. E. and Dutton, J. E. (1981) "Threat rigidity effects in organizational behavior: A multilevel analysis", *Administrative Science Quarterly,* 26(4), pp. 501-524

玉川秀治（1988）『トヨタ方式にみるシステム再構築―企業革新を担う管理者のために』パル出版

Tichy, N., Charan R. (1989) "Speed, simplicity, selfconfidence", *Harvard Business Review*, 5, pp. 112-120

トヨタ自動車（2015）「プリウス誕生秘話」Retrieved January 15, 2022, from https://gazoo.com/article/car_history/151211.html

Toyota Car-nalism. (2017)「「TNGA」って何?? トヨタの次世代車両技術をわかりやすく解説！」2017年02月07日トヨタ自動車カーナリズム，Retrieved January 15, 2022, from https://matome.response.jp/articles/77

あ と が き

　本書によって東アジアにおける日系企業の現状，戦略の方向を知ることができ，また，今後の活動指針のヒントを得ていただければ，本書の目的は達せられたと思う．また，プロジェクトの実施にあたっては，中央大学政策文化総合研究所のみなさんに大変お世話になった．本書の編集に際しては，中央大学出版部の今井 愛氏に，非常に丁寧に原稿をチェックしていただいた．この場を借りて感謝したい．

　2024 年 11 月 8 日

野 間 口　隆 郎

執筆者紹介（執筆順）

丹沢 安治　客員研究員・中央大学名誉教授

中村 博　研究員・中央大学専門職大学院戦略経営研究科教授

三浦 俊彦　研究員・中央大学商学部教授

幸田 達郎　客員研究員・文教大学人間科学部教授

越前谷 学　客員研究員・Talented Company Limited 代表取締役社長 CEO

松吉 由美子　株式会社ミノダ取締役

野間口 隆郎　研究員・中央大学国際経営学部教授

東アジアにおける企業戦略と制度的環境
　　新制度派経済学と非市場戦略の視点から
中央大学政策文化総合研究所研究叢書 32

2025 年 3 月 30 日　初版第 1 刷発行

編著者　　中村　博
　　　　　野間口　隆郎
　　　　　三浦　俊彦

発行者　　中央大学出版部
　　　　　代表者　松本　雄一郎

〒 192-0393　東京都八王子市東中野 742-1
発行所　中央大学出版部
電話 042（674）2351　FAX 042（674）2354

© 2025 野間口 隆郎　ISBN 978-4-8057-1431-7　印刷・製本 城島印刷㈱

本書の無断複写は、著作権法上の例外を除き、禁じられています。
複写される場合は、その都度、当発行所の許諾を得てください。